W0286185

Auf in die Zuckerstube!

Liebe Leser*innen,

HERRLICH KREATIV
Wir konnten gar nicht mehr aufhören, als es ums Dekorieren und Variieren der Plätzchen für den bunten Teller auf unserem Titelbild ging. Wie euch die Kreationen gelingen, lest ihr ab Seite 136. Schickt uns auch gern Fotos eurer Keksteller an redaktion@zaubermix.de

ich liebe es, mir einen ganzen Tag Zeit zu nehmen, um meine Keksdosen mit Plätzchen zu befüllen und ein paar Leckerbissen zum Verschenken vorzubereiten. Dieses Jahr backe ich auf jeden Fall die kleinen Zimt-Traumstücke und die gefüllten Marzipankissen, koche Engelchenlikör und mixe duftenden Gewürzzucker.

Im Monsieur Cuisine sind Teige, Füllungen und Glasuren genau so rasch und bequem vorbereitet, wie Konfitüren oder Liköre gekocht sind. Der Zaubertopf übernimmt dabei das Wiegen, Rühren und Kneten ebenso wie das gradgenaue Erwärmen und das feine Pulverisieren.

Wie ihr euren smarten Weihnachtswichtel in der Backstube so einsetzt, dass ihr an nur einem Backtag all eure Keksdosen befüllt, alle Weihnachtsgeschenke mixt oder den Heiligabend vorbereitet, verraten wir in dieser Sonderausgabe.

Ich wünsche euch viel Spaß in der Zuckerstube mit dem Monsieur Cuisine. Genießt die Vorweihnachtszeit mit euren Liebsten und habt ein frohes Fest!

Vivien Koitka, Chefredakteurin

Fotos: Kathrin Knoll (1); Anna Gieseler (1) | Titelfotos: Anna Gieseler (1); depositphotos.de

INHALT

104 **Süße Geschenke**
Liköre, Konfitüren, Gelees und mehr in Minuten gemixt

10 **Weihnachtsmarkt zu Hause**
Glühweinschnitten, Liebesäpfel und Fettgebäck selbst gemacht

32 **Saisonale Trends**
Hübsche Accessoires, neue Backhelfer und Zutaten

76 **Winteräpfel**
Acht Ideen mit unserem Lieblingsobst

Last Minute
Schnelle Ideen
zum Verschenken
114

156
Volle Keksdosen mit Backplan
Ein Tag: viele Kekse, Geschenke
und Heiligabendleckereien

144
Cremige Weihnachtsdesserts
Feine Cremes treffen auf
köstliche Knusperschichten

Fotos: siehe Rezeptseiten

JETZT WIRD'S FESTLICH

10 **Weihnachtsmarkt**
Die Klassiker für zu Hause

18 **Weiße Weihnacht**
Neue Knusperplätzchen

32 **Saison erleben**
Advents-Trends und -Ideen

38 **Lieblingskuchen**
Mit Lebkuchen und Spekulatius

48 **Aus 1 mach 2**
Wie ihr Klassiker verwandelt

54 **Wärmende Getränke**
Hot „Aperol", Likör und mehr

62 **mein ZauberTopf News**
Neues aus der ZauberWelt

64 **Sternbrot**
Softes Hefegebäck mit Wow-Effekt

68 **Streichkonzert**
Feine Aromabutter-Kreationen
PLUS: Tipps für die Zubereitung

76 **Apfelliebe**
Neue Apfelkuchen zum Advent
PLUS: Welche Sorte ist die richtige?

88 **Tipps zum Teigkneten**
Wie ihr die Automatik-Funktion smart nutzt

92 **Backzubehör**
Holt noch mehr aus eurem Monsieur heraus

96 **Doppelter Genuss**
Kreative Keks-Kombinationen
PLUS: Dekotipp für Geschenke

101 **Festliche Ideen**
Glamour-Anhänger selbst gemacht

102 **Zero-Waste-Backstube**
Eiweiß und Co. clever verbrauchen

104 **Geschenke im Glas**
Süßes für die Liebsten

110 **Zimt-Zauber**
Das Weihnachtsaroma hoch drei

114 **Last-Minute-Rezepte**
Expressleckereien mit Monsieur

120 **Zuckrig und süß**
Gewürzte Zucker zum Verschenken

124 **Winterliche Deko**
Natürlich stimmungsvolle Ideen

126 **Festliche Torten**
Beeindruckendes zum Adventskaffee

136 **Der bunte Teller**
So füllt er sich ganz leicht

140 **Stollenklassiker**
So einfach gelingt er euch

144 **SPEZIAL**
Cremige Schichtdesserts

156 **Drei Backpläne**
Für Kekse, Geschenke und Festtage

SERVICE

3 **Editorial**

6 **Rezeptefinder**

162 **Impressum, Symbole**

68
Butter mit Aromen
Cremige Aufstriche für Stollen,
Adventsfrühstück und mehr

REZEPTE DIESER AUSGABE

S. 14 Schoko-Liebesäpfel
S. 14 Berliner ohne Frittieren
S. 14 Quarkbällchen aus dem Ofen
S. 16 Glühweinschnitten
S. 16 Gebrannte Punschmandeln

S. 20 Butterwölkchen
S. 20 Spritzgebäck
S. 22 Heidesand aus 5 Zutaten
S. 22 Saure-Sahne-Plätzchen
S. 24 Eierlikör-Plätzchen

S. 27 Cheesecake-Cookies
S. 27 Marzipankissen
S. 28 Himmelsboten
S. 28 Puddingplätzchen
S. 30 Nusshörnchen

S. 30 Vanillekipferl
S. 35 Heißer Eggnogg
S. 41 No-Bake-Spekulatiustorte ohne Gelatine
S. 42 Weicher Lebkuchen vom Blech
S. 42 Spekulatius-Kirsch-Schnitten

S. 45 Spekulatius-Maulwurfkuchen mit Kirschen
S. 45 Schnelle Spekulatiusplätzchen
S. 46 Lebkuchentorte
S. 55 Apfelpunsch mit Zimtsahne

S. 52 Kürbiskern-Cranberry-Florentiner
S. 52 Sahnige Mandel-Florentiner
S. 53 Saftige Nussecken
S. 53 Macadamia-Cashew-Ecken

S. 55 Glühwein mit Amaretto
S. 56 Apfelrosen-Kräutertee
S. 56 Hot „Bounty“
S. 59 Hot „Aperol“
S. 59 Heiße Oma

S. 60 Fruchtpunsch ohne Alkohol
S. 60 Orangenpunsch
S. 66 Weihnachts-Sternbrot mit Zimt
S. 68 Lebkuchen-Butter
S. 69 Pekannuss-Honig-Butter

S. 70 Orangen-Vanille-Butter
S. 70 Honig-Zimt-Butter
S. 71 Spekulatius-Butter
S. 72 Ahornsirup-Walnuss-Butter
S. 73 Orangen-Honig-Butter

S. 73 Zimt-Mandel-Butter
S. 78 Apfel-Karamell-Kuchen
S. 80 Die saftigsten Apfelballen vom Blech
S. 81 Unsichtbarer Apfelkuchen
S. 82 Winterapfeltorte

S. 83 Apfelcrumble
S. 84 Apfel-Quark-Kuchen mit Mandeln
S. 84 Apfel-Quark-Auflauf
S. 98 „Toffifee"-Plätzchen
S. 98 Brownie-Cookies
S. 100 Gefüllte Mohnplätzchen
S. 100 Bienenstich-Cookies
S. 103 Weihnachtsbäumchen aus Baiser
S. 105 Engelchenlikör aus 5 Zutaten
S. 105 Birnen-Walnuss-Konfitüre
S. 106 Weißes Glühweingelee
S. 106 10-Minuten-Weihnachtslikör
S. 108 Glühweinlikör
S. 108 „Mon Chérie"-Konfitüre
S. 113 Zimtsterne mit 5 Zutaten
S. 113 Snickerdoodles
S. 113 Zimt-Traumstücke
S. 118 Brezelkranz
S. 118 Christmas Crunch
S. 118 Weihnachtliche Bruchschokolade
S. 119 „Kinderschokolade"-Pralinen
S. 119 „Raffello"-Mandeln
S. 123 Weihnachtsgewürz-Zucker
S. 127 Panettone mit Sahne
S. 128 Torte mit feiner Schokoladenborke
S. 131 Schokoladenkuchen mit Nuss-Karamell
S. 132 Baumstammkuchen
S. 142 Sächsischer Mandelstollen
S. 152 „Rocher"-Dessert
S. 152 Vanillekipferl-Dessert
S. 152 Karamelldessert
S. 154 Mandarinenquark mit Sahne
S. 154 „Giotto"-Creme
S. 154 Himbeer-Spekulatius-Dessert
S. 155 Spekulatius-Mousse
S. 155 Bratapfel-Tiramisu

Basis REZEPTE

S. 42 Zuckerguss
S. 59 Eierlikör
S. 67 Glutenfreier Hefeteig
S. 67 Veganer Hefeteig
S. 85 Apfelmus
S. 123 Zimtzucker
S. 123 Vaillezucker
S. 138 Einfacher Mürbeteig

Schenken ist die größte Freude!

Wir schenken euch unsere Ideen.

Gebt sie euren **Liebsten** *weiter!*

Foto: Adobe Stock/sonyachny

WEIHNACHTSMARKT *zu Hause*

Diese Klassiker sind mit dem Monsieur ganz einfach zubereitet. So könnt ihr sie gemütlich zu Hause genießen

Rezepte: Lukas Lotzing

EASY

Schoko-Liebesäpfel

Rezept siehe Seite 14

Berliner ohne Frittieren

Rezept siehe Seite 14

Glühweinschnitten

Rezept siehe Seite 16

Gebrannte Punschmandeln

Rezept siehe Seite 16

Schoko-Liebesäpfel

00 20 std : min

LOW CARB · LOW FAT

PRO STÜCK: 563 KCAL | 8 G E | 36 G F | 56 G KH

ZZGL. 1 STD. RUHEZEIT

ZUTATEN FÜR 6 STÜCK

- **150 g Haselnüsse**
- **300 g Vollmilch- oder Zartbitterschokolade, in Stücken**
- **20 g Kokosöl**
- **6 große säuerliche Äpfel (z. B. Braeburn oder Granny Smith)**

AUSSERDEM
- **6 Holzspieße**

1 Ein Backblech mit Backpapier belegen. Nüsse in den geben, **5 Sek. | Stufe 8** zerkleinern und in eine kleine Schüssel umfüllen.

2 Die Schokolade in den geben und **15 Sek. | Stufe 8** zerkleinern. Mit dem nach unten schieben. Kokosöl hinzufügen und **6 Min. | Stufe 2 | 50 °C** schmelzen.

3 Je einen Holzspieß in die Äpfel stecken und jeden Apfel vorsichtig mithilfe eines Löffels mit geschmolzener Schokolade überziehen. Auf das vorbereitete Blech setzen und abtropfen lassen. Die Äpfel in den gehackten Nüssen wälzen. Im Kühlschrank ca. 1 Std. vollständig fest werden lassen.

Berliner ohne Frittieren

00 50 std : min

LOW CARB · LOW FAT

PRO STÜCK: 251 KCAL | 5 G E | 11 G F | 34 G KH

ZZGL. 1 STD. 30 MIN. RUHEZEIT

ZUTATEN FÜR 20 STÜCK

- **100 g Milch**
- **180 g Puderzucker**
- **30 g frische Hefe**
- **225 g weiche Butter, in Stücken**
- **500 g Weizenmehl Type 405 zzgl. etwas zum Bearbeiten**
- **4 Eier**
- **½ TL Salz**
- **150 g Himbeerkonfitüre**

AUSSERDEM
- **Spritzbeutel mit Lochtülle**

1 Milch, 80 g Puderzucker und Hefe in den geben und **2 Min. | Stufe 2 | 37 °C** erwärmen. 125 g Butter, Mehl, Eier sowie Salz zugeben und **2 Min. |** verkneten. Den Teig abgedeckt 1 Std. gehen lassen. spülen.

2 2 Backbleche mit Backpapier belegen. Den Teig auf eine leicht bemehlte Arbeitsfläche geben, erneut durchkneten und in 20 Portionen teilen. Die Portionen zu Kugeln formen, auf die Backbleche geben und abgedeckt erneut 30 Min. gehen lassen. Den Backofen auf 180 °C Umluft vorheizen.

3 Restliche Butter in den geben, **4 Min. | Stufe 1 | 60 °C** zerlassen. Die Berliner mit der Hälfte der zerlassenen Butter bestreichen und ca. 15 Min. backen. Herausnehmen und vollständig auskühlen lassen.

4 Die restlichen 100 g Puderzucker auf einen großen Teller geben. Berliner nochmals mit flüssiger Butter bestreichen und im Puderzucker wälzen. Ggf. die Butter erneut **1–2 Min. | Stufe 2 | 60 °C** zerlassen. Konfitüre glatt rühren, in einen Spritzbeutel mit Lochtülle geben und die Berliner damit füllen.

Quarkbällchen aus dem Ofen

00 35 std : min

LOW CARB · LOW FAT

PRO STÜCK: 66 KCAL | 2 G E | 1 G F | 12 G KH

ZUTATEN FÜR 24 STÜCK

- **3 Eier**
- **75 g Zucker**
- **1 EL selbst gemachter Vanillezucker**
- **125 g Quark**
- **100 g Weizenmehl Type 405**
- **25 g Stärke**
- **½ Pck. Backpulver**
- **1 Prise Salz**
- **100 g Zimtzucker**

AUSSERDEM
- **24er-Cake-Pop-Form**
- **Spritzbeutel mit Lochtülle**

1 Den Backofen auf 180 °C Ober-/Unterhitze vorheizen. Eier, Zucker, Vanillezucker und Quark in den geben und **2 Min. | Stufe 3** cremig rühren. Mehl, Stärke, Backpulver sowie Salz hinzufügen, **20 Sek. | Stufe 4** vermengen.

2 Teig in einen Spritzbeutel füllen und in die Mulden der Form spritzen, dabei nur zu etwa ¾ füllen. Die Form mit dem Deckel schließen und die Quarkbällchen im heißen Ofen ca. 20 Min. backen, dabei die Form nach 10 Min. umdrehen. Bällchen aus der Form lösen, noch warm in Zimtzucker wälzen und servieren.

GRAMMGENAU

Für Genauigkeit beim Wiegen gebt die Zutaten langsam in den . Die Waage zeigt das Gewicht immer mit einer leichten Verzögerung an.

Quarkbällchen aus dem Ofen
Rezept siehe linke Seite

tos: Désirée Peikert (1)); Archiv (1)

Glühweinschnitten

00 40 std : min

LOW CARB LOW FAT

PRO STÜCK: 239 KCAL | 3 G E | 12 G F | 29 G KH

ZUTATEN FÜR 24 STÜCK

* 150 g Zartbitterschokolade, in Stücken
* 250 g weiche Butter, in Stücken
* 200 g Glühwein
* 125 g Zucker
* 1 EL selbst gemachter Vanillezucker
* 5 Eier
* 250 g Weizenmehl Type 405
* 1 EL Kakaopulver
* 1 Pck. Backpulver
* ½ TL Zimt
* 1 Prise Salz
* 250 g Puderzucker
* rosa Lebensmittelfarbe nach Belieben

1 | Den Backofen auf 175 °C Ober-/Unterhitze vorheizen. Ein Backblech mit Backpapier belegen. Schokolade in den geben, **10 Sek. | Stufe 8** zerkleinern und umfüllen. Die Butter, 150 g Glühwein, Zucker, Vanillezucker, Eier, Mehl, Kakao, Backpulver, Zimt sowie Salz zugeben und **20 Sek. | Stufe 4** cremig rühren. Schokolade mithilfe des unterheben.

2 | Den Teig gleichmäßig auf dem Backblech verstreichen und im heißen Ofen ca. 20 Min. backen. Herausnehmen und auskühlen lassen.

3 | Puderzucker mit 50 g Glühwein glatt rühren. Nach Belieben mit Lebensmittelfarbe einfärben. Anschließend auf dem Kuchen verteilen und gleichmäßig verstreichen. In Stücke geschnitten servieren.

Gebrannte Punschmandeln

00 35 std : min

LOW CARB LOW FAT

PRO PORTION (30 G):

151 KCAL | 4 G E | 11 G F | 11 G KH

ZUTATEN FÜR 300 G

* 200 g Mandeln
* 80 g brauner Zucker
* ½ TL Punschgewürz
* 10 g Butter
* 40 g Punsch

1 | Backofen auf 150 °C Umluft vorheizen. Ein Backblech mit Backpapier belegen.

2 | Mandeln, braunen Zucker, Punschgewürz und Butter in den geben, ohne Messbecher **6 Min. |** erwärmen.

3 | Punsch hinzufügen und erneut ohne Messbecher **10 Min. |** erhitzen. Wenn die Mandeln zu trocken aussehen, noch etwas Punsch hinzugeben.

4 | Die Mandeln auf das Backblech geben und im heißen Ofen ca. 10 Min. knusprig backen. Herausnehmen und vollständig auskühlen lassen.

>TIPP Bewahrt die gebrannten Mandeln luftdicht verpackt in Gläsern oder Zellophantütchen auf, denn Luftfeuchtigkeit macht sie klebrig. Wichtig: Die Mandeln komplett auskühlen lassen, bevor ihr sie verpackt.

Vera Rezeptentwicklerin

JETZT WIRD'S KÖSTLICH

Die zauberhafte Stimmung und die süßen Leckereien, die ich beim Bummel über den Weihnachtsmarkt genieße, hole ich mir mit diesen Rezepten einfach nach Hause. Punschmandeln und Liebesäpfel mache ich in doppelter Menge in zwei Durchgängen nacheinander, denn hübsch verpackt sind sie leckere Mitbringsel, mit denen ich im Advent gerne meine Lieben überrasche.

FÜR VIELE

Mit nur einem Mixdurchgang gelingt ausreichend Teig für ein Blech bzw. 24 Glühweinschnitten. Da der Kuchen nur 20 Minuten im Ofen braucht, eignet sich dieses Rezept sehr gut für einen Basar oder den Adventskaffee, denn ruckzuck ist es ein zweites mal gemixt.

Fotos: Archiv (2)

So viele superleichte, schnelle Rezepte. Und unglaublich lecker!
Viele gute Tipps auch für Einsteiger, schon viel gelernt!
monsieur cuisine by ZauberMix
www.instagram.com/monsieur_cuisine_by_zaubermix

Alisa Online-Redakteurin

Knusperzeit

Schlichte und knusprige helle Plätzchen aus einfachen Teigen machen mich absolut glücklich. Oft braucht es für mich gar nicht mehr zu einer Tasse Kaffee.

Weiße WEIHNACHT

Mit Mehl, Mandeln, Puderzucker und sahniger Butter lassen sich vielfältige Kreationen backen. Die Rezepte für unsere zartesten Plätzchen verraten wir euch hier!

Vanillekipferl

Rezept siehe Seite 30

Butterwölkchen

00 40 std : min

PRO STÜCK: 92 KCAL | 1 G E | 6 G F | 9 G KH

ZZGL. 1 STD. RUHEZEIT

ZUTATEN FÜR 45 STÜCK

- 250 g weiche Butter, in Stücken
- 180 g Puderzucker
- 2 TL selbst gemachter Vanillezucker
- 250 g Weizenmehl Type 405
- 80 g gemahlene blanchierte Mandeln
- 40 g Vanillepuddingpulver
- 1 TL Backpulver

1 | Butter mit 80 g des Puderzuckers und dem Vanillezucker in den Mixtopf geben und **2 Min. | Stufe 3** cremig rühren.

2 | Mehl mit Mandeln, Puddingpulver und Backpulver zugeben und **20 Sek. | Stufe 4** zu einem Teig verarbeiten. Anschließend zu einem Riegel formen und abgedeckt 1 Std. kalt stellen.

3 | Den Backofen auf 160 °C Umluft vorheizen. 2 Backbleche mit Backpapier belegen.

4 | Den Teig zu kleinen Kugeln formen, diese auf den Blechen verteilen und im heißen Ofen 10–12 Min. backen. Aus dem Ofen nehmen und etwas auskühlen lassen. Die Butterwölkchen mit den übrigen 100 g Puderzucker bestäuben und servieren.

Spritzgebäck

00 40 std : min

PRO STÜCK: 48 KCAL | 1 G E | 2 G F | 6 G KH

ZUTATEN FÜR 50 STÜCK

- 125 g Butter, in Stücken
- 125 g Zucker
- 1 TL selbst gemachter Vanillezucker
- 1 Ei
- 1 Prise Salz
- 2–3 Tropfen Rumaroma (nach Belieben)
- 250 g Weizenmehl Type 405

AUSSERDEM

- Spritzbeutel mit Sterntülle

1 | Butter, Zucker, Vanillezucker, Ei, Salz und Rumaroma in den Mixtopf geben und **20 Sek. | Stufe 4** vermengen. Das Mehl zugeben und alles **40 Sek. | Stufe 4** zu einem glatten Teig vermengen.

2 | Den Ofen auf 175 °C Umluft vorheizen. 2 Bleche mit Backpapier belegen. Den Teig in den Spritzbeutel füllen und etwa 50 Kringel auf die Backbleche spritzen. Im heißen Ofen ca. 15 Min. backen.

3 | Das Spritzgebäck vollständig auskühlen lassen und anschließend in einer Dose luftdicht verschlossen aufbewahren.

> **TIPP** Für noch mehr Vanillearoma könnt ihr zusätzlich das Mark einer Vanilleschote in den Teig rühren.

So zart!

Der Puderzucker, die gemahlenen Mandeln und das Puddingpulver machen die Wölkchen so unfassbar fein und wolkig.

Fotos: Désirée Peikert (1); www.stockfood.com/Yulia Shkultetskaya (1)

Hübsche KRÄNZE

Heidesand aus 5 Zutaten

00 45 std : min

LOW CARB LOW FAT

PRO STÜCK: 93 KCAL | 1 G E | 5 G F | 10 G KH

ZZGL. 30 MIN. RUHEZEIT

ZUTATEN FÜR 40 STÜCK

- **125 g Zucker**
- **250 g Butter, in Stücken**
- **380 g Weizenmehl Type 405 zzgl. etwas zum Bearbeiten**
- **1 TL selbst gemachter Vanillezucker**
- **1 Prise Salz**

1 | Den Zucker in den geben und **30 Sek. | Stufe 10** pulverisieren. Mit dem nach unten schieben.

2 | Die übrigen Zutaten zugeben und alles **30 Sek. | Stufe 5** verkneten. Den Teig zu 4 Rollen formen (Ø 3 cm), diese einzeln in Frischhaltefolie einschlagen und für ca. 30 Min. in das Tiefkühlfach geben.

3 | Den Backofen auf 180 °C Ober-/Unterhitze vorheizen. 3 Backbleche mit Backpapier belegen.

4 | Die Rollen in ca. 5 mm dicke Scheiben schneiden, auf den Blechen verteilen und nacheinander im heißen Ofen jeweils ca. 10 Min. backen. Auf einem Kuchengitter auskühlen lassen.

Saure-Sahne-Plätzchen

00 30 std : min

LOW CARB LOW FAT

PRO STÜCK: 71 KCAL | 1 G E | 4 G F | 7 G KH

ZZGL. 1 STD. RUHEZEIT

ZUTATEN FÜR 40 STÜCK

- **250 g Weizenmehl Type 405 zzgl. etwas mehr zum Bearbeiten**
- **50 g Puderzucker**
- **175 g kalte Butter, in Stücken**
- **100 g saure Sahne**
- **1 Eigelb**
- **1 EL Milch**
- **Hagelzucker zum Bestreuen**

AUSSERDEM
- **Ausstechförmchen**

1 | Für den Teig Mehl, Puderzucker, Butter und Sahne in den geben und die Zutaten **20 Sek. | Stufe 4** zu einem Teig kneten. Anschließend zu einem flachen Riegel formen und abgedeckt 1 Std. kalt stellen.

2 | Den Backofen auf 160 °C Umluft vorheizen. 2 Backbleche mit Backpapier belegen.

3 | Teig auf einer bemehlten Arbeitsfläche ausrollen, zu Kringeln ausstechen und auf die Bleche geben. In einer Schüssel Eigelb mit Milch verquirlen und die Plätzchen damit bestreichen. Anschließend mit Hagelzucker bestreuen und im heißen Ofen ca. 10 Min. backen. Aus dem Ofen nehmen und auskühlen lassen.

Goldtaler

Einfach gut – der Teig ist aus preiswerten Basiszutaten schnell geknetet. In einzelnen Mixvorgängen ist auch die doppelte oder dreifache Menge für mehrere Bleche flink zubereitet!

EASY

Eierlikör-Plätzchen

00 50 std : min

PRO STÜCK: 157 KCAL | 2 G E | 7 G F | 19 G KH

ZUTATEN FÜR 24 STÜCK

FÜR DIE FÜLLUNG
* 150 g Milch
* 25 g Zucker
* 20 g Vanillepuddingpulver
* 50 g Butter
* 50 g Eierlikör

FÜR DEN TEIG
* 130 g weiche Butter, in Stücken
* 80 g Puderzucker
* 2 TL selbst gemachter Vanillezucker
* 1 Ei
* 250 g Weizenmehl Type 405
* 1 Prise Salz
* 75 g Eierlikör

FÜR DEN GUSS
* 100 g Puderzucker
* 4 EL Eierlikör

AUSSERDEM
* Spritzbeutel mit Lochtülle

1 | Für die Füllung Milch, Zucker und Puddingpulver im **10 Sek. | Stufe 6** verrühren. Anschließend ohne Messbecher **9 Min. | Stufe 3 | 95 °C** aufkochen, dabei den Kocheinsatz als Spritzschutz aufsetzen. Butter und Eierlikör zugeben, **15 Sek. | Stufe 4** verrühren. Den Pudding umfüllen und abkühlen lassen. Den spülen.

2 | Backofen auf 160 °C Ober-/Unterhitze vorheizen. Ein Blech mit Backpapier belegen.

3 | Für den Teig Butter, Puderzucker und Vanillezucker in den geben. Alles **2 Min. | Stufe 3** cremig rühren, dabei das Ei durch die Deckelöffnung zugeben.

4 | Mehl, Salz und Eierlikör zufügen und **20 Sek. | Stufe 4** vermengen. Den Teig in einen Spritzbeutel mit Lochtülle füllen. Tupfen auf das Backblech spritzen und im heißen Ofen ca. 10 Min. backen. Aus dem Ofen nehmen und auskühlen lassen.

5 | Die Hälfte der Plätzchen an der Unterseite mit Pudding bestreichen. Darauf jeweils ein zweites Plätzchen setzen und leicht andrücken.

6 | Für den Guss in einer Schüssel Puderzucker mit Eierlikör verrühren. Die Plätzchen zur Hälfte eintauchen und fest werden lassen.

Dreifach gut

Sowohl im Keksteig als auch in der Füllung und im Guss steckt Eierlikör. Unser Basisrezept für den Likör aus ganzen Eiern findet ihr auf Seite 59.

Foto: Désirée Peikert

Softe HAPPEN

Fotos: Désirée Peikert (2)

Cheesecake-Cookies

00 | 35 std : min

LOW CARB · LOW FAT

PRO STÜCK: 86 KCAL | 2 G E | 4 G F | 11 G KH

ZUTATEN FÜR 45 STÜCK

- ★ **250 g Frischkäse**
- ★ **100 g weiche Butter, in Stücken**
- ★ **150 g Zucker**
- ★ **2 TL selbst gemachter Vanillezucker**
- ★ **2 Eier**
- ★ **320 g Weizenmehl Type 405**
- ★ **2 TL Backpulver**
- ★ **100 g Puderzucker zum Bestäuben**

1 Backofen auf 160 °C Umluft vorheizen. 3 Backbleche mit Backpapier belegen.

2 Frischkäse, Butter, Zucker sowie Vanillezucker in den ⊔ geben und **1 Min. | Stufe 4** cremig rühren, dabei nacheinander die Eier durch die Deckelöffnung zugeben. Mehl mit Backpulver zugeben und **20 Sek. | Stufe 4** vermengen.

3 Den Teig mithilfe eines Eisportionierers oder zwei Esslöffeln in Kugeln auf die Bleche geben und im Ofen 10–12 Min. backen. Aus dem Ofen nehmen, auskühlen lassen und mit Puderzucker bestäuben.

>TIPP Sie sind supersoft und luftig – durch den Frischkäse bekommt dieser Mürbeteig eine deutlich weichere Konsistenz, die die Plätzchen auch an den Folgetagen noch beibehalten.

Marzipankissen

00 | 45 std : min

LOW CARB · LOW FAT

PRO STÜCK: 98 KCAL | 1 G E | 5 G F | 12 G KH

ZZGL. 1 STD. RUHEZEIT

ZUTATEN FÜR 50 STÜCK

- ★ **300 g Weizenmehl Type 405 zzgl. etwas zum Bearbeiten**
- ★ **200 g kalte Butter, in Stücken**
- ★ **100 g Zucker**
- ★ **2 Eier, getrennt**
- ★ **300 g Marzipanrohmasse, in Stücken**
- ★ **50 g Aprikosenkonfitüre**
- ★ **6 Tropfen Bittermandelaroma**
- ★ **75 g Puderzucker zum Bestäuben**

1 Mehl, Butter, Zucker sowie Eigelb in den ⊔ geben und **20 Sek. | Stufe 4** zu einem Teig verkneten. Teig auf einer bemehlten Arbeitsfläche zu einem Rechteck (20×15 cm) ausrollen. In Frischhaltefolie einschlagen und ca. 1 Std. kalt stellen.

2 Inzwischen für die Füllung Marzipan, Konfitüre, Eiweiß und Bittermandelaroma in den ⊔ geben und **10 Sek. | Stufe 6** pürieren.

3 Den Backofen auf 160 °C Heißluft vorheizen. 2 Bleche mit Backpapier belegen. Den Teig auf einer bemehlten Arbeitsfläche von der langen Seite her in 4 gleich große Streifen schneiden. Diese je 8 cm breit ausrollen. Die Füllung auf die Teigstreifen streichen, die Teigstreifen von der langen Seite her einrollen und in 2 cm breite Stücke schneiden.

4 Marzipankissen auf die Bleche geben und im heißen Ofen ca. 15 Min. backen. Aus dem Ofen nehmen und auskühlen lassen. Anschließend mit Puderzucker bestäuben.

>TIPP Es passt auch Kirschkonfitüre gut zum Marzipan, dann werden die Kissen weihnachtlich rot-weiß geringelt.

Von der Rolle

Die Teigstreifen werden mit der Marzipanfüllung bestrichen und eingerollt. Nun können die Plätzchen von der Rolle geschnitten werden. Simpler geht's nicht!

Himmelsboten

00:35 std : min

PRO STÜCK: 121 KCAL | 1 G E | 7 G F | 15 G KH

ZZGL. 30 MIN. RUHEZEIT

ZUTATEN FÜR 32 STÜCK

- **100 g Zucker**
- **300 g Weizenmehl Type 405 zzgl. etwas zum Bearbeiten**
- **200 g Butter, in Stücken**
- **1 EL Abrieb von 1 unbehandelten Orange**
- **32 Schokolinsen (z. B. „Smarties“)**
- **Zuckerschrift (rot und braun)**

AUSSERDEM

- **Stern-Ausstecher**

1 | Den Zucker in den geben und **20 Sek. | Stufe 10** pulverisieren. Mit dem nach unten schieben.

2 | Mehl, Butter und Orangenabrieb zugeben und alles **20 Sek. | Stufe 5** zu einem Teig verkneten. Zu einem Riegel formen, in Frischhaltefolie einschlagen und 30 Min. kalt stellen.

3 | Den Backofen auf 160 °C Umluft vorheizen. 2 Bleche mit Backpapier belegen. Den Teig portionsweise auf einer leicht bemehlten Arbeitsfläche ausrollen und 32 Sterne ausstechen. Auf den Backblechen verteilen.

4 | Je 1 Schokolinse auf die Mitte jedes Sterns setzen und eine Zacke als Arm darüberschlagen. Die Kekse ca. 10 Min. backen.

5 | Die Kekse vollständig auskühlen lassen, dann mit roter und brauner Zuckerschrift Mund und Augen aufmalen.

Puddingplätzchen

00:35 std : min

PRO STÜCK: 87 KCAL | 1 G E | 5 G F | 9 G KH

ZZGL. 1 STD. RUHEZEIT

ZUTATEN FÜR 40 STÜCK

- **250 g weiche Butter, in Stücken**
- **80 g Puderzucker**
- **30 g selbst gemachter Vanillezucker**
- **250 g Weizenmehl Type 405**
- **2 Pck. Vanillepuddingpulver**
- **Puderzucker zum Bestäuben**

1 | Butter mit Puderzucker und Vanillezucker im **1 Min. | Stufe 4** cremig rühren.

2 | Mehl und Puddingpulver zugeben und **20 Sek. | Stufe 4** unter den Teig kneten. Anschließend zu einer Kugel formen und abgedeckt 1 Std. kalt stellen.

3 | Backofen auf 160 °C Umluft vorheizen. Ein Blech mit Backpapier belegen.

4 | Teig zu kleinen Kugeln formen, auf das Backblech geben und mit der Rückseite einer Gabel platt drücken. Im heißen Ofen 10–12 Min. backen, dann auskühlen lassen.

5 | Puddingplätzchen mit Puderzucker bestäuben und servieren.

>TIPP Dieser schnelle Keksteig aus nur 5 Zutaten kommt sogar ohne Ei aus. Im Puddingpulver sind alle nötigen Zutaten enthalten, um den Teig zu binden. Wer möchte, kann das Pulver im Monsieur Cuisine herstellen, das Rezept findet ihr unter www.zaubermix.de

Sweet Stars

So einfach und so wirkungsvoll: Unsere Himmelsboten sind mit Mürbeteig, „Smarties“ und Zuckerschrift superfix zubereitet.

Fotos: Désirée Peikert (2)

Nusshörnchen

00 45 std : min

PRO STÜCK: 257 KCAL | 5 G E | 18 G F | 21 G KH

ZZGL. 1 STD. RUHEZEIT

ZUTATEN FÜR 24 STÜCK

FÜR DIE FÜLLUNG

- **200 g Haselnüsse**
- **2 Eiweiß**
- **125 g brauner Zucker**
- **4 EL selbst gemachter Vanillezucker**
- **½ TL Zimt**
- **3 EL Sahne**

FÜR DEN TEIG

- **400 g Weizenmehl Type 405 zzgl. etwas zum Bearbeiten**
- **250 g weiche Butter, in Stücken**
- **200 g Frischkäse**
- **2 Eigelb**
- **1 Prise Salz**

1 | Für die Füllung die Nüsse in den geben und **20 Sek.** | **Stufe 8** mahlen. In eine Rührschüssel umfüllen und beiseitestellen.

2 | Für den Teig alle Zutaten in den geben. **30 Sek.** | **Stufe 5** zu einem glatten Teig verkneten. Den Teig zu einem Riegel formen, in Frischhaltefolie einschlagen und 1 Std. kalt stellen. Den spülen.

3 | Für die Füllung den Rühraufsatz in den fettfreien einsetzen. Eiweiß in den geben und **2 Min.** | **Stufe 4** steif schlagen.

4 | Zucker, 2 EL Vanillezucker, Zimt sowie Sahne in die Schüssel zu den gemahlenen Nüssen geben und mit dem vermengen. Eischnee zugeben und vorsichtig unterheben.

5 | Den Backofen auf 175 °C Umluft vorheizen. 2 Backbleche mit Backpapier belegen. Den Teig auf einer leicht bemehlten Arbeitsfläche rechteckig ausrollen (ca. 50×40 cm) und mit der Füllung bestreichen.

6 | Die Teigplatte der Länge nach halbieren und die entstehenden Streifen jeweils in ca. 12 Dreiecke schneiden. Diese anschließend von der breiten Seite zur Spitze hin zu Hörnchen rollen.

7 | Die Hörnchen auf den Backblechen verteilen, mit 2 EL Vanillezucker bestreuen und im heißen Ofen ca. 20 Min. backen.

Vanillekipferl

01 00 std : min

PRO STÜCK: 68 KCAL | 1 G E | 4 G F | 7 G KH

ZZGL. 45 MIN. RUHEZEIT

ZUTATEN FÜR 60 STÜCK

- **200 g Zucker**
- **½ Vanilleschote**
- **100 g blanchierte Mandeln**
- **300 g Weizenmehl Type 405 zzgl. etwas zum Bearbeiten**
- **200 g kalte Butter, in Stücken**
- **2 Eigelb**
- **1 Prise Salz**

1 | Zucker und Vanilleschote in den geben und **40 Sek.** | **Stufe 10** pulverisieren. Den Vanillezucker umfüllen.

2 | Die Mandeln in den geben und **10 Sek.** | **Stufe 8** mahlen. Mit dem nach unten schieben.

3 | 100 g Vanillezucker sowie die übrigen Zutaten in den geben und alles **20 Sek.** | **Stufe 5** verkneten. Den Teig zu einem Riegel formen, in Frischhaltefolie einschlagen und ca. 45 Min. kalt stellen.

4 | Den Ofen auf 175 °C Ober-/Unterhitze vorheizen. 2 Bleche mit Backpapier belegen. Den übrigen Vanillezucker in eine flache Schale geben.

5 | Den Teig auf einer leicht bemehlten Arbeitsfläche portionsweise zu Strängen formen, in Stücke schneiden und diese zu etwa 6 cm langen Kipferln formen. Auf die vorbereiteten Bleche legen und im heißen Ofen nacheinander ca. 15 Min. backen.

6 | Die Kipferl aus dem Backofen nehmen, wenige Minuten abkühlen lassen, dann noch warm im Vanillezucker wenden.

>TIPP Für schokoladige Kipferl könnt ihr 50 g Mehl durch 50 g Backkakao ersetzen.

Simple TEIGTRICKS

Mürbeteig aus den drei Grundzutaten Mehl, Zucker und Butter gelingt mit diesen Tipps leicht und eure Plätzchen halten länger in der Keksdose

*Denkt daran, **kalte Butter** vor dem Zugeben in den Mixtopf in Würfel zu schneiden – so kann das Mixmesser sie gut erfassen und schnell und gleichmäßig verarbeiten.*

MÜRBETEIG IM RIEGEL KÜHLEN

Mürbeteig sollte mit kalter Butter zubereitet werden, damit der Teig ausrollfähig bleibt. Ist die Butter zu warm, beginnt der Teig zu kleben. Daher geben wir ihn vor dem Ausrollen in den Kühlschrank. Dafür formen wir keine Kugel, sondern einen flachen Riegel, denn dieser lässt sich anschließend mit dem Nudelholz viel einfacher und schneller ausrollen als eine feste Teigkugel!

KNUSPRIG ODER SOFT – TIPPS ZUM LAGERN

Je nachdem, wie eure Kekse gelagert werden, bleiben sie soft bzw. knusprig. Für knusprige Kekse eignet sich eine luftdicht verschlossene Dose, in die das Gebäck erst nach dem vollständigen Auskühlen gelegt wird, damit es nicht „schwitzt". Zu weichem Gebäck wie den Cheesecake-Cookies könnt ihr eine Scheibe Toastbrot legen – sie hält die Kekse soft, während sie selbst trocken wird.

Team Vanille oder Schokolade?

All unsere hellen Knusperplätzchen könnt ihr auch in einer schokoladigen Variante zubereiten. Wir verwenden dafür gerne echten Backkakao und ersetzen damit einen Teil (etwa 30–50 g) des Mehls. Da Backkakao recht herb ist, könnt ihr einen Extra-Esslöffel Zucker zugeben, um den bitteren Geschmack auszugleichen. Wer lösliches Trinkschokoladenpulver verwendet, braucht nicht zusätzlich zu süßen, da es bereits Zucker enthält.

Saison ERLEBEN

Unsere neuen Winterfunde lassen eine ganz besondere Atmosphäre in eurem Zuhause entstehen und bringen mehr Vielfalt in die Backstube

WINTERGLANZ IM WOHNZIMMER

Auch ehe die Tannenbäume in unsere Stuben einziehen, lieben wir es, das Zuhause zu dekorieren. Ein paar Zweige, verziert mit einer Lichterkette und weißem Porzellan der Serie „Winter Glow", versprühen stimmungsvolles Flair. www.villeroy-boch.de

Adventskaffee oder Weihnachtsfrühstück: Heiße Getränke und eine winterliche Leckerei werden auf dem leichten Weidenholztablett „Madera" stilvoll serviert. Ca. 30 Euro, www.bredemeijer.de

EXTRA FÜR KEKSE!

„Hey! Winter" heißt die neue Edition von ASA Selection. Die Porzellandose mit Akazienholzdeckel verkündet mit ihrer eindeutigen Botschaft, womit sie befüllt werden möchte. Ca. 25 Euro, www.asa-selection.com

Plätzchen modern interpretiert

Besonders angesagt sind Plätzchen im neuen Look – sie sorgen für Aha-Momente und Gesprächsstoff. Kreisrunde oder quadratische Keksausstecher gibt es zum Beispiel von Städter. Stecht ihr damit ganz klassische Lebkuchen oder Mürbeteigplätzchen aus und verziert sie mit Schokoladenglasur in Pastelltönen und einfarbigen Streuseln, sehen sie aus wie aus der Patisserie. Zum Beispiel 14-teiliges Ring-Set für ca. 15 Euro über www.onekitchen.com

Diese Zimtsterne sind auf Sauerteigbasis gebacken. Mit dem Bio-Sauerteig von Böcker spart ihr euch das Ansetzen einer eigenen Starterkultur und kommt in den Genuss von Weihnachtsgebäck ohne Hefe und Backpulver und auch ohne Warten! 300 g „Le Chef Bio", ca. 5 Euro, www.sauerteig.shop

Fotos: Villeroy & Boch (1); Bredemeijer Group (1); Asa Porzellan (1); Ernst BÖCKER GmbH & Co. KG (1)

Wer das Werkeln in der eigenen Backstube liebt, kann sich mit hochwertigen Zubehören für Patisserie und Konditorei von de Buyer ausstatten. Dose mit 9 Ausstechern, rund gezackt, ca. 33 Euro, www.debuyer.com

HEISSER EGGNOGG

Das amerikanische Weihnachtsgetränk wird mit Eierlikör zubereitet und heiß genossen. Der cremige Likörtrunk ist eine kreative Abwechslung zu Punsch. Für 6 Portionen das Mark von 1 Dr. Oekter Bourbon Vanilleschote sowie die Schote selbst mit 350 g Eierlikör, 350 g Milch, 50 g Zucker und 125 g Rum in den ⌴ geben und **8 Min. | Stufe 2 | 80 °C** erwärmen. Den heißen Eggnogg in vorgewärmte Gläser füllen. Jeweils 1 EL Schlagsahne daraufgeben, mit Zimtpulver garnieren und heiß servieren. Mehr Ideen unter www.oetker.de

Für genussvolles Backen im Advent

Gute Nachrichten für alle, die nicht nur im Advent am liebsten mit besten Bio-Zutaten backen. Denn jetzt gibt es erstmals auch SweetFamily „Brauner Bio-Zucker" aus 100 % norddeutschen Bio-Zuckerrüben, die von bio-zertifizierten Landwirten angebaut wurden. So wird regionale Landwirtschaft gefördert und im Gegensatz zu importiertem Rohrzucker aus Übersee bleiben die Transportwege zwischen Feld, Verarbeitung und Verbraucher kurz – gut fürs Klima und die Region! Rezepte und Infos zu den SweetFamily Bio-Produkten gibt's unter www.sweet-family.de

Ob Apfel, Birne oder Gebäck – auf einem schönen Servierbrett machen sie gleich noch mehr her. Zeitlos und elegant: die neuen Terrazzo „Serve-it" Serviertabletts von Rig-Tig. Ca. 30 Euro, www.rig-tig.de

Nur für kurze Zeit!

GLÜCK IN JEDER TASSE

Die limitierte Neuheit von Eduscho bringt intensives Vergnügen in die Kaffeetasse. Die neuen Lieblingsbohnen gibt's im 750-g-Pack für Vollautomaten und Filter ab 9,99 Euro, www.eduscho.de

Fotos: de Buyer (1); © Dr. August Oetker Nahrungsmittel KG (1); Rig-Tig (1); Sweet Family (1); Tchibo (1)

Die steht alle Jahre wieder! Die nachhaltige Tanne aus Birkensperrholz des finnischen Herstellers koti gibt's in vielen Größen und Farben: klein genug für die Tischdeko oder so groß, dass das Holzobjekt den Weihnachtsbaum ersetzt. www.koti-ahrensburg.com

Für besondere Momente

GLÜHWEIN ZUM DESSERT

Der winterlich-fruchtige und tiefrote Mederaño Glühwein von Freixenet schmeckt klassisch heiß als Winterwärmer. Besondere Idee: Verfeinert mit ihm Parfaits, Pannacotta oder andere Desserts. Rezeptideen unter www.freixenet-onlineshop.de

Trendige Idee für besten Genuss!

Wusstet ihr, dass laut Tchibo Kaffeereport knapp 60 Prozent der Deutschen auf Kaffee nicht verzichten können? Gut, dass die Kapselmaschine „Qbo Essential" von Tchibo mit patentierter PressBrew™ Technologie besonders aromatischen Kaffee und beste Crema auf Knopfdruck zaubert. Mit ihren kompakten Maßen und ihrem minimalistischen Design ist sie auch in kleinen Küchen ein echter Hingucker. Feine Kaffees gibt's zudem in klimaneutralen und recyclebaren Cubes aus 70 Prozent nachwachsenden Rohstoffen. Die Kapselmaschine ist in vier Farben ab ca. 70 Euro erhältlich, die Kapseln ab ca. 3 Euro, überall bei Tchibo. www.tchibo.de/qbo

Kernige Neulinge

Habt ihr sie schon im Regal entdeckt? „Nut Perfect" mischt den Markt rund um Haselnüsse, Mandeln und Cashews auf. Ihr findet sie pur oder im Mix – auch mit Trockenfrüchten und Schokolade. Zudem sind Kokoschips, Mango- und Ananasstücke erhältlich. Perfekt zum Snacken, Backen und Verzieren. www.nut-perfect.com

Wir lieben die Reiben von Microplane. Sie raspeln und hobeln Schokolade oder Orangenzesten mit absoluter Präzision. Schick in Schwarz: die Reihe „Black Sheep". Ab ca. 50 Euro unter www.microplane.de

Fotos: koti (1); Freixenet (2); Tchibo.de (1); Nut Perfect (2); Microplane (1)

MIT *Lebkuchen* UND *Spekulatius*

Ist ihr Duft zu vernehmen, ist es offiziell:
Die Weihnachtszeit hat begonnen. Und wie jedes Jahr können wir nicht genug von ihnen bekommen!

Fotos & Styling: Anna Gieseler & Kathrin Knoll | Rezepte: Lukas Lotzing

Rebecca **Online-Redakteurin**

Mich fasziniert, mit welcher Geschwindigkeit im Monsieur Teige, Cremes und Glasuren entstehen. Ich wage mich mit ihm jetzt auch an diese winterlichen Kuchen und Torten, die ich ohne ihn nie ausprobiert hätte.

Weicher Lebkuchen vom Blech

Rezept siehe Seite 42

DIESES REZEPT IST AB SOFORT ALS **GUIDED COOKING REZEPT** VERFÜGBAR!

Illustrationen: Archiv (1)

Einfach vorbereitet zum Adventskaffee

No-Bake-Spekulatiustorte ohne Gelatine

00 30 std : min

LOW CARB LOW FAT

PRO STÜCK: 420 KCAL | 7 G E | 29 G F | 33 G KH

ZZGL. 5 STD. RUHEZEIT

ZUTATEN FÜR 12 STÜCKE

- **150 g Butter, in Stücken**
- **300 g Spekulatius, in Stücken, zzgl. etwas zum Garnieren**
- **350 g Mandarinen (Dose), abgetropft, mit Saft**
- **2 Pck. klarer Tortenguss**
- **60 g Zucker**
- **400 g Schmand**
- **400 g Frischkäse**
- **1 TL Abrieb und 1 EL Saft von einer unbehandelten Zitrone**
- **1 TL Zimt**

AUSSERDEM

- **Springform (Ø 24 cm)**

1 | Die Springform mit Backpapier auslegen. Für den Tortenboden Butter in den geben und **3 Min. | Stufe 2 | 60 °C** zerlassen. Spekulatius hinzufügen und alles **12 Sek. | Stufe 8** vermengen. Die Keksmasse in die Form geben, mit einem Löffel verstreichen und festdrücken. 30 Min. kalt stellen. Den säubern.

2 | 300 g Mandarinen auf dem Boden verteilen. Etwa 270 g Mandarinensaft, Tortenguss sowie 20 g Zucker im **5 Sek. | Stufe 5** vermengen. Dann **6 Min. | Stufe 2 | 100 °C** ohne Messbecher aufkochen. Tortenguss gleichmäßig über die Mandarinen gießen und ca. 1 Std. abkühlen lassen. Den kalt ausspülen.

3 | Schmand, Frischkäse, restlichen Zucker, Zitronenabrieb und -saft sowie Zimt in den geben und **1 Min. | Stufe 4** verrühren. Die Creme auf die Mandarinen geben und glatt streichen. Die Torte 2–3 Std. kalt stellen.

4 | Die Torte vor dem Servieren mit Mandarinenstückchen und Spekulatius garnieren.

Lebkuchen

KNUSPRIG ODER SOFT?
Für knusprige Ausstech-Lebkuchen stellen wir einen anderen Teig her als für den weichen Lebkuchen vom Blech. Möchtet ihr einfache Kekse aus dem würzigen Teig backen, findet ihr das Rezept unter www.zaubermix.de.

DIE MISCHUNG MACHT'S
Lebkuchengewürz ist eine Mischung unterschiedlicher Gewürze. Üblicherweise enthält es Zimt, Kardamom, Nelken, Anis und Koriander. Ihr könnt aus diesen Zutaten im Monsieur Cuisine eure eigene Mischung herstellen. Es lohnt sich, hochwertige Gewürze zu kaufen und sie im Ganzen zu verarbeiten. Füllt das Gewürz in Schraubgläser ab, so eignet sich die selbst gemachte Mischung auch zum Verschenken!

SCHNEEWEISSER ZUCKERGUSS
Wer möchte, kann alternativ zur Schokoladenglasur den soften Lebkuchen vom Blech auch mit einem dicken Zuckerguss überziehen. Unser Lieblingsrezept besteht aus 200 g Zucker, 1 Eiweiß und 5 Tropfen Zitronensaft. Den Zucker **40 Sek. | Stufe 10** pulverisieren. Dann das Eiweiß und den Zitronensaft hinzugeben und alles **10 Sek. | Stufe 6** vermengen. Den Guss sofort gleichmäßig auf das erkaltete Gebäck streichen und fest werden lassen.

Weicher Lebkuchen vom Blech

00 45 std : min

PRO STÜCK: 252 KCAL | 5 G E | 14 G F | 28 G KH

ZUTATEN FÜR 24 STÜCK

- 100 g Mandeln
- 200 g weiche Butter, in Stücken
- 250 g Zucker
- 3 Eier
- 350 g Weizenmehl Type 405
- 200 g Milch
- 20 g Kakaopulver
- 2 EL Honig
- 2 EL Lebkuchengewürz
- ½ Pck. Backpulver
- 200 g Zartbitterkuvertüre, in Stücken
- 20 g Kokosfett
- bunte Zuckerstreusel zum Garnieren

1 Backofen auf 180 °C Ober-/Unterhitze vorheizen. Ein Backblech mit Backpapier belegen. Mandeln in den Mixtopf geben, **20 Sek. | Stufe 10** mahlen und umfüllen.

2 Butter mit Zucker in den Mixtopf geben und **2 Min. | Stufe 3** ohne Messbecher schaumig schlagen, dabei die Eier nacheinander durch die Deckelöffnung zugeben. Mehl, Mandeln, Milch, Kakao, Honig, Lebkuchengewürz sowie Backpulver zufügen und alles **20 Sek. | Stufe 4** vermengen.

3 Den Teig gleichmäßig auf dem Blech verteilen und im heißen Ofen ca. 20 Min. backen. Herausnehmen und abkühlen lassen. Mixtopf spülen.

4 Die Kuvertüre in den Mixtopf geben, **10 Sek. | Stufe 8** zerkleinern und mit dem Spatel nach unten schieben. Kokosfett zugeben und **5 Min. | Stufe 2 | 50 °C** schmelzen. Den Guss auf den Lebkuchen streichen, mit Streuseln garnieren und vollständig auskühlen lassen. Den Kuchen in Stücke schneiden und servieren.

Spekulatius-Kirsch-Schnitten

00 50 std : min

PRO STÜCK: 467 KCAL | 5 G E | 31 G F | 42 G KH

ZZGL. 2 STD. RUHEZEIT

ZUTATEN FÜR 24 STÜCKE

FÜR DEN BODEN
- 250 g weiche Butter, in Stücken
- 180 g Zucker
- 1 EL selbst gemachter Vanillezucker
- 4 Eier
- 250 g Weizenmehl Type 405
- 50 g Stärke
- 1½ TL Backpulver

FÜR DEN BELAG
- 450 g Sahne
- 4 TL Sahnesteif
- 1 EL selbst gemachter Vanillezucker
- 750 g Mascarpone
- 700 g Kirschen (Glas), abgetropft, mit Saft
- 80 g Zucker
- 1 TL Zimt
- 30 g Stärke
- 24 Spekulatiuskekse

AUSSERDEM
- Backrahmen (ca. 35×28 cm)

1 Backofen auf 180 °C Ober-/Unterhitze vorheizen und ein Blech mit Backpapier belegen. Einen Backrahmen passend daraufstellen. Für den Teig den Rühraufsatz einsetzen. Butter, Zucker und Vanillezucker im Mixtopf **2 Min. | Stufe 3** aufschlagen, dabei die Eier nach und nach durch die Deckelöffnung geben. Rühraufsatz entnehmen. Mehl, Stärke und Backpulver zufügen, alles **20 Sek. | Stufe 4** vermengen.

2 Teig auf das Blech geben. Im heißen Ofen ca. 20 Min. backen. Aus dem Ofen nehmen, abkühlen lassen. Mixtopf und Rühraufsatz spülen.

3 Rühraufsatz einsetzen. Für die Creme Sahne, Sahnesteif und Vanillezucker in den kalten Mixtopf geben und ohne Zeiteinstellung **Stufe 4** unter Sichtkontakt steif schlagen. Rühraufsatz entnehmen. Sahne umfüllen und in einer Schüssel mit Mascarpone vermengen. Mixtopf spülen.

4 Für die Kirschmasse die Kirschen mit 200 g Kirschsaft, Zucker und Zimt in den Mixtopf geben und **8 Min. | Linkslauf | Stufe 2 | 90 °C** aufkochen. Stärke in etwas Kirschsaft glatt rühren und kurz vor Ende der Zeit durch die Deckelöffnung in den Mixtopf geben. Kirschbelag auf den Boden streichen und 2 Std. auskühlen lassen. Zum Schluss die Creme auf die Kirschen geben, glatt streichen und die Kekse auf den Kuchen legen.

Spekulatius-Kirsch-Schnitten
Rezept siehe linke Seite

Fotos: Désirée Peikert (1)

Mit dem Monsieur schnell angerührt

Spekulatius-Maulwurfkuchen mit Kirschen

01 20 std : min

LOW CARB LOW FAT

PRO STÜCK: 423 KCAL | 5 G E | 28 G F | 39 G KH

ZZGL. 4 STD. 30 MIN. RUHEZEIT

ZUTATEN FÜR 12 STÜCKE

FÜR DEN TEIG UND DIE KRÜMEL

- **5 Spekulatiuskekse**
- **125 g weiche Butter, in Stücken, zzgl. etwas zum Fetten**
- **125 g Zucker**
- **3 Eier**
- **120 g Weizenmehl Type 405**
- **1 EL Spekulatiusgewürz**
- **1 TL Backpulver**
- **1 Prise Salz**
- **75 g Milch**

FÜR DIE FÜLLUNG

- **680 g Schattenmorellen (Glas), abgetropft, mit Saft**
- **1 Pck. Vanillepuddingpulver**
- **4 TL selbst gemachter Vanillezucker**
- **600 g Sahne**
- **3 Pck. Sahnesteif**

AUSSERDEM

- **Springform (Ø 26 cm)**

1 Den Backofen auf 175 °C Ober-/Unterhitze vorheizen. Für die Krümel die Spekulatius im **3 Sek. | Stufe 6** zerbröseln. Umfüllen und beiseitestellen. Die Springform mit etwas Butter fetten.

2 Für den Teig alle übrigen Zutaten in den geben und **1 Min. | Stufe 4** verrühren. In der Springform verteilen und im heißen Ofen ca. 30 Min. backen, dann ca. 2 Std. auskühlen lassen. Den spülen.

3 Für die Füllung die Kirschen in den Kocheinsatz geben und den Saft auffangen. Den Kirschsaft mit Puddingpulver sowie 2 TL Vanillezucker im **5 Min. | Stufe 3 | 100 °C** kochen. Die Kirschen zugeben, mit dem untermengen und kurz abkühlen lassen.

4 Inzwischen den Boden mit einem Esslöffel ca. ½ cm tief aushöhlen, dabei einen 1–2 cm breiten Rand stehen lassen. Den ausgelöffelten Kuchen zerkrümeln und mit den zerbröselten Spekulatiuskeksen vermengen. Die Kirschen auf dem Boden verteilen und ca. 30 Min. auskühlen lassen. Den spülen.

5 Den Rühraufsatz in den kalten einsetzen. Sahne, Sahnesteif und übrigen Vanillezucker zugeben und ohne Zeiteinstellung **Stufe 4** unter Sichtkontakt steif schlagen. Die Sahne kuppelförmig auf Kirschen und Tortenrand streichen. Kuchenkrümel auf der Sahne verteilen und leicht andrücken.

6 Den Maulwurfkuchen vor dem Servieren mind. 2 Std. kalt stellen.

> **TIPP** Die Zutaten für den Rührteig sollten alle Zimmertemperatur haben, damit sie beim Verrühren nicht gerinnen. Nehmt gekühlte Zutaten daher rechtzeitig aus dem Kühlschrank.

> **GUTE IDEE** Einen Teil dieses beeindruckenden Kuchens könnt ihr schon am Vortag zubereiten: Backt dafür einfach schon den Boden und lasst ihn über Nacht abkühlen. Am nächsten Tag nur noch aushöhlen, die Kirschfüllung zubereiten und die Sahne schlagen.

Spekulatius

DIE SCHNELLE VARIANTE

Traditionelle Spekulatius verlangen nach einer relativ aufwendigen Zubereitung und vielen Zutaten. Zudem werden spezielle Keksformen benötigt. Wie ihr die Plätzchen aber auch ganz simpel zubereiten könnt, zeigen wir hier.

Wir verzichten auf das mühevolle Formen und backen schlichte runde Spekulatius. Denn letztendlich geht es ja um den Geschmack. Für 50–80 Stück braucht ihr nur 9 Zutaten und 35 Min. Zubereitungszeit.

450 g Mehl, 1 TL Backpulver, 4 TL Spekulatiusgewürz, ½ TL Salz, 250 g Butter in Stücken, 330 g Muscovado-Zucker und 50 g dunklen Rum im **20 Sek. | Stufe 6** vermengen.

Den Teig halbieren und zu Riegeln formen, in Frischhaltefolie wickeln und 30 Min. kalt stellen. Anschließend die Portionen ½ cm dick ausrollen. Mit einem Plätzchenausstecher Kreise ausstechen und auf mit Backpapier belegten Blechen verteilen. Die Plätzchen mit 1 verquirltem Ei bestreichen und nach Belieben mit Mandelblättchen bestreuen. Nacheinander im 210 °C heißen Ofen bei Ober-/Unterhitze 10–12 Min. backen.

Auf einem Kuchengitter auskühlen lassen und in Keksdosen bis zu 1 Monat aufbewahren.

> **TIPP** Wer mag, kann die eine Teighälfte einfrieren und zu einem späteren Zeitpunkt auftauen, ausstechen und backen.

Fotos: Sophia Handschuh (1)

Intensive Würze

FÜR VOLLES AROMA

Prüft die Frische bzw. die Haltbarkeit eurer Backgewürze. Denn sind sie zu alt, können sie bereits an Aroma eingebüßt haben und verleihen eurem Gebäck nicht mehr den intensiven Geschmack, den ihr erwartet.

GEWÜRZMISCHUNGEN SELBST MACHEN – 5 TIPPS

Wer eigene Gewürzmischungen herstellen möchte, sollte folgende Aspekte beachten:

1 – Trockenheit für Haltbarkeit
Der Mixtopf muss absolut trocken sein, damit das Pulver weder am Messer, noch am Rand des Mixtopf haften bleibt. Feuchtes Gewürz kann abgepackt schnell schimmeln.

2 – Kocheinsatz als Helfer nutzen
Kleine Zutaten wie Gewürznelken oder Anissamen erfasst das Mixmesser besser, wenn während des Pulverisierens der Kocheinsatz eingehängt ist. Er verhindert, dass die Zutaten zu weit nach oben geschleudert werden.

3 – In der Kürze liegt die Würze
Pulverisiert nicht zu lang, damit die Gewürze nicht warm werden. Max. **2 Min. | Stufe 10**.

4 – Gut verpackt
Füllt die Mischung rasch in trockene Schraubgläser und verschließt sie fest, sodass keine Feuchtigkeit eindringen kann.

5 – Klein bleibt fein
Je kleiner die Gläser, desto besser. Jedes Mal, wenn ihr ein Glas öffnet, entweicht Aroma. Verbraucht die Gewürzmischungen zügig und verschenkt, was ihr nicht verwendet.

Lebkuchentorte

01 15 std : min

LOW CARB · LOW FAT

PRO STÜCK: 556 KCAL | 11 G E | 36 G F | 49 G KH

ZZGL. 4 STD. RUHEZEIT

ZUTATEN FÜR 12 STÜCKE

FÜR DEN TEIG
- **250 g weiche Butter, in Stücken**
- **200 g brauner Zucker**
- **4 Eier**
- **350 g Weizenmehl Type 405**
- **50 g Honig**
- **150 g Milch**
- **20 g Kakaopulver zzgl. etwas zum Bestäuben**
- **1 Pck. Backpulver**
- **2 EL Lebkuchengewürz**
- **1 Prise Salz**

FÜR DIE CREME
- **500 g Sahne**
- **2 Pck. Sahnesteif**
- **400 g Frischkäse**
- **100 g Puderzucker**
- **3 TL Lebkuchengewürz**
- **Abrieb und Saft von ½ unbehandelten Orange**

AUSSERDEM
- **Springform (Ø 26 cm)**
- **Tortenring**

1 Den Backofen auf 180 °C Ober-/Unterhitze vorheizen. Den Boden der Springform mit Backpapier auslegen.

2 Den Rühraufsatz einsetzen. Butter mit Zucker in den Mixtopf geben und **2 Min. | Stufe 3** ohne Messbecher schaumig rühren, dabei die Eier nacheinander durch die Deckelöffnung zugeben. Rühraufsatz entnehmen.

3 Die restlichen Zutaten für den Teig zugeben und **20 Sek. | Stufe 4** vermengen. In der Springform verteilen und 35–40 Min. backen. Herausnehmen und auf einem Kuchengitter ca. 2 Std. vollständig auskühlen lassen. Mixtopf und Rühraufsatz spülen.

4 Für die Creme den Rühraufsatz einsetzen. Sahne und Sahnesteif in den Mixtopf geben und ohne Zeiteinstellung **Stufe 4** unter Sichtkontakt steif schlagen. Den Rühraufsatz entnehmen und die Sahne umfüllen.

5 Frischkäse, Puderzucker, Lebkuchengewürz, Orangenabrieb sowie -saft in den Mixtopf geben und **1 Min. | Stufe 4** glatt rühren. Die Sahne mithilfe des Spatels unterheben.

6 Den Kuchenboden aus der Form lösen und zweimal waagerecht durchschneiden. Den untersten Boden auf eine Tortenplatte setzen und mit einem Tortenring umspannen. ⅓ der Creme darauf verteilen. Den nächsten Boden daraufsetzen und mit ⅓ der Creme bestreichen. Den letzten Boden aufsetzen und die Torte rundherum mit der restlichen Creme bestreichen.

7 Die Torte ca. 2 Std. kalt stellen und vor dem Servieren mit Kakao bestäuben.

>**TIPP** Schneidet aus Tonkarton kleine Sterne aus, legt sie auf die Oberfläche und bestäubt den Kuchen dann mit Kakao, so entsteht ein weihnachtliches Muster.

Foto: Archiv (1)

Aus 1

Kürbiskern-Cranberry-Florentiner
Rezept siehe Seite 52

Fotos: Gräfe und Unzer/ Katrin Winner (2) | Illustrationen: Freepik.de

Sahnige Mandel-Florentiner
Rezept siehe Seite 52

mach 2

Diese Florentiner- und Nussecken-Variationen der Knusper-Klassiker von Instagram-Star Fatmanur Kilic haben gute Chancen, neue Kekslieblinge zu werden!

Saftige Nussecken
Rezept siehe Seite 53

Fotos: Gräfe und Unzer / Katrin Winner

Macadamia-Cashew-Ecken
Rezept siehe Seite 53

Kernige Nascherei

Kürbiskern-Cranberry-Florentiner

00 40 std : min

LOW CARB LOW FAT

PRO STÜCK:
139 KCAL | 4 G E | 10 G F | 10 G KH
FÜR 30 STÜCK

- ★ **100 g getrocknete Cranberrys**
- ★ **150 g Mandelblättchen**
- ★ **200 g Kürbiskerne**
- ★ **100 g Sahne**
- ★ **100 g Butter, in Stücken**
- ★ **150 g brauner Zucker**
- ★ **40 g Honig**
- ★ **1 Prise Salz**

1 | Die Cranberrys in den geben und **5 Sek. | Stufe 8** zerkleinern. Mandelblättchen sowie Kürbiskerne hinzufügen und **10 Sek. | ↺ | Stufe 3** vermengen. Die Mischung umfüllen.

2 | Den Backofen auf 200 °C Ober-/Unterhitze vorheizen. Ein Backblech mit Backpapier belegen. Sahne, Butter, Zucker, Honig und Salz in den geben und ohne Messbecher **10 Min. | Stufe 2 | 90 °C** erhitzen. Kernmischung dazugeben und **5 Min. | ↺ | Stufe 2 | 90 °C** verrühren.

3 | Mit zwei Esslöffeln kleine Häufchen der Florentinermasse mit ca. 8 cm Abstand auf das Backblech setzen. Die Florentiner im heißen Ofen 10–12 Min. goldbraun backen.

> **TIPP** Da die Florentiner beim Backen ein wenig auseinanderlaufen, schiebt sie vor dem Abkühlen auf dem Blech mit einem Löffel wieder etwas zusammen.

Sahnige Mandel-Florentiner

00 55 std : min

LOW CARB LOW FAT

PRO STÜCK:
162 KCAL | 3 G E | 10 G F | 16 G KH
ZZGL. 30 MIN. RUHEZEIT
FÜR 35 STÜCK

FÜR DEN TEIG
- ★ **180 g weiche Butter, in Stücken**
- ★ **80 g Puderzucker**
- ★ **2 TL Vanillepaste**
- ★ **250 g Weizenmehl Type 405 zzgl. etwas zum Bearbeiten**

FÜR DEN BELAG
- ★ **50 g Butter, in Stücken**
- ★ **50 g Zucker**
- ★ **60 g Honig**
- ★ **1 TL Orangenabrieb**
- ★ **100 g Sahne**
- ★ **200 g Mandelblättchen**
- ★ **200 g Zartbitterkuvertüre, in Stücken**

AUSSERDEM
- ★ **Backrahmen**

1 | Für den Teig Butter, Puderzucker und Vanillepaste im **30 Sek. | Stufe 3** verrühren. Mehl zugeben, **20 Sek. | Stufe 4** vermengen. Den Teig in Frischhaltefolie gewickelt im Kühlschrank ca. 30 Min. ruhen lassen. spülen.

2 | Für den Belag Butter, Zucker, Honig und Orangenabrieb in den geben, **5 Min. | Stufe 2 | 70 °C** schmelzen lassen. Sahne zufügen und **5 Min. | Stufe 2 | 90 °C** erhitzen. Mandelblättchen **3 Min. | ↺ | Stufe 1 | 90 °C** untermischen. Die Masse etwas abkühlen lassen.

3 | Den Backofen auf 180 °C Ober-/Unterhitze vorheizen. Ein Backblech mit Backpapier belegen. Den Backrahmen auf ca. 35×25 cm einstellen und auf das Blech setzen.

4 | Den Teig ausrollen und in den Backrahmen legen, ein paar Mal mit einer Gabel einstechen. Mandelmasse auf dem Teig glatt streichen. Die Florentinerplatte im heißen Ofen ca. 20 Min. backen. spülen.

5 | Den Backrahmen lösen und entfernen. Die Platte noch warm in Rechtecke schneiden und abkühlen lassen.

6 | Kuvertüre im **10 Sek. | Stufe 8** zerkleinern. Dann **3 Min. | Stufe 2 | 50 °C** schmelzen lassen. Die Florentiner jeweils mit einer Schmalseite in die Kuvertüre tauchen und auf Backpapier trocknen lassen.

> **TIPP** Wer keine Vanillepaste bekommt, kann alternativ Vanillezucker verwenden.

Saftige Nussecken

01 00 std : min

LOW CARB LOW FAT

PRO STÜCK:
252 KCAL | 4 G E | 18 G F | 19 G KH
ZZGL. 35 MIN. RUHEZEIT
FÜR 32 STÜCK

FÜR DEN TEIG
- **130 g weiche Butter, in Stücken**
- **100 g Zucker**
- **2 Eier**
- **300 g Weizenmehl Type 405 zzgl. etwas zum Bearbeiten**
- **1 TL Backpulver**

FÜR DEN BELAG
- **100 g Walnüsse**
- **170 g Butter, in Stücken**
- **200 g gehackte Haselnüsse**
- **100 g gemahlene Haselnüsse**
- **90 g Zucker**
- **1 TL Orangenabrieb**
- **5 EL Aprikosenkonfitüre**
- **200 g Zartbitterkuvertüre, in Stücken**

1 | Für den Teig alle Zutaten in den geben und **20 Sek. | Stufe 4** verkneten. Den Teig auf der Arbeitsfläche leicht flach formen und in Frischhaltefolie gewickelt im Kühlschrank 30 Min. ruhen lassen. spülen.

2 | Ein Backblech mit Backpapier belegen. Den Ofen auf 175 °C Ober-/Unterhitze vorheizen. Für den Belag Walnüsse in den geben, **4 Sek. | Stufe 6** zerkleinern und umfüllen. Butter in den geben und **3 Min. | Stufe 2 | 60 °C** schmelzen lassen. Walnüsse, Haselnüsse, Zucker sowie Orangenabrieb zufügen und **30 Sek. | Stufe 3** vermengen.

3 | Den Mürbeteig ausrollen und das Blech damit auslegen, ein paar Mal mit einer Gabel einstechen. Die Konfitüre glatt rühren, auf den Teig streichen und die Nussmasse darauf verteilen. Glatt streichen und die Nussplatte im heißen Ofen ca. 20 Min. goldbraun backen. spülen.

4 | Das Blech aus dem Ofen nehmen und die Nussplatte ca. 5 Min. ruhen lassen. Den Rand mit einem Messer lösen und entfernen. Die Nussplatte in Quadrate und diese diagonal in Dreiecke schneiden.

5 | Kuvertüre in den geben und **10 Sek. | Stufe 8** zerkleinern. Dann **3 Min. | Stufe 2 | 50 °C** schmelzen lassen. Jeweils zwei Spitzen der abgekühlten Nussecken in die Kuvertüre tauchen. Die Nussecken auf Backpapier trocknen lassen.

Macadamia-Cashew-Ecken

01 00 std : min

LOW CARB LOW FAT

PRO STÜCK:
262 KCAL | 4 G E | 19 G F | 21 G KH
ZZGL. 35 MIN. RUHEZEIT
FÜR 32 STÜCK

FÜR DEN TEIG
- **130 g weiche Butter, in Stücken**
- **100 g Zucker**
- **2 Eier**
- **300 g Weizenmehl Type 405 zzgl. etwas zum Bearbeiten**
- **1 TL Backpulver**

FÜR DEN BELAG
- **160 g gesalzene Macadamianüsse**
- **60 g Haselnüsse**
- **200 g Cashewkerne**
- **180 g Butter, in Stücken**
- **100 g brauner Zucker**
- **2 EL Honig**
- **1 EL selbst gemachter Vanillezucker**
- **3 EL Aprikosenkonfitüre**
- **200 g weiße Kuvertüre, in Stücken**

1 | Für den Teig alle Zutaten in den geben und **20 Sek. | Stufe 4** verkneten. Den Teig auf der Arbeitsfläche leicht flach formen und in Frischhaltefolie gewickelt im Kühlschrank 30 Min. ruhen lassen.

2 | Für den Belag je die Hälfte der drei Nusssorten in den geben und **7 Sek. | Stufe 6** zerkleinern. Umfüllen und den Vorgang mit den übrigen Nüssen wiederholen. Butter in den geben und **3 Min. | Stufe 2 | 60 °C** schmelzen lassen. Nüsse, Zucker, Honig und Vanillezucker hinzufügen und alles **30 Sek. | Stufe 3** zu einer leicht klebrigen Masse verrühren.

3 | Ein Backblech mit Backpapier belegen. Den Backofen auf 175 °C Ober-/Unterhitze vorheizen.

4 | Den Mürbeteig ausrollen und das Blech damit auslegen, ein paar Mal mit einer Gabel einstechen. Die Konfitüre glatt rühren, auf den Teig streichen und die Nussmasse darauf verteilen. Glatt streichen und die Nussplatte im heißen Ofen ca. 20 Min. goldbraun backen.

5 | Das Blech aus dem Ofen nehmen und die Nussplatte ca. 5 Min. ruhen lassen. Den Rand mit einem Messer lösen und entfernen. Die Nussplatte in Quadrate und diese diagonal in Dreiecke schneiden.

6 | Kuvertüre in den geben und **10 Sek. | Stufe 8** zerkleinern. Dann **3 Min. | Stufe 2 | 50 °C** schmelzen. Jeweils zwei Spitzen der abgekühlten Nussecken in die Kuvertüre tauchen. Die Macadamia-Cashew-Ecken auf Backpapier trocknen lassen.

Fotos: Gräfe und Unzer / Katrin Winner

Cheers Christmas!

Duftende Heißgetränke wie auf dem Weihnachtsmarkt sind mit dem Monsieur Cuisine auch daheim leicht selbst gemixt. Die besten Tipps für gutes Gelingen gibt's gleich dazu!

Rezepte, Fotos & Styling: Sandra Leibinger

LUFTIGE ZIMT-SAHNE

Für das Aufschlagen der Zimtzucker-Sahne ist es wichtig, den Zucker langsam durch die Deckelöffnung rieseln zu lassen, damit der Rühraufsatz ihn gleichmäßig nach und nach verarbeiten kann. Verwendet außerdem kalte Sahne!

Apfelpunsch mit Zimtsahne

00 20 std : min

LOW CARB LOW FAT

PRO GLAS: 348 KCAL | 2 G E | 16 G F | 33 G KH

ZUTATEN FÜR 4 GLÄSER À 250 ML

- **1 TL selbst gemachter Vanillezucker**
- **1 TL Zimt zzgl. etwas zum Bestreuen**
- **200 g Sahne**
- **1 Apfel, in Würfeln**
- **1 EL Honig**
- **800 g klarer Apfelsaft**
- **150 g Weißwein**
- **50 g Calvados**

1 | Vanillezucker mit ½ TL Zimt in einer kleinen Schüssel mischen. Rühraufsatz einsetzen, Sahne in den Mixtopf geben und ohne Zeiteinstellung **Stufe 4** unter Sichtkontakt steif schlagen, dabei den Zimtzucker einrieseln lassen. Die Sahne umfüllen und kalt stellen. Den Mixtopf spülen.

2 | Die Apfelwürfel mit Honig, ½ TL Zimt, Apfelsaft, Weißwein und Calvados in den Mixtopf geben und **13 Min. | Stufe 1 | 100 °C** ohne Messbecher kochen, dabei den Kocheinsatz als Spritzschutz aufsetzen. Den Punsch auf Gläser verteilen, mit Zimtsahne garnieren und mit Zimt bestreuen.

>**TIPP** Wenn auch Kinder in den Genuss des Apfelpunsches kommen sollen, Weißwein und Calvados durch gleiche Teile Apfel- oder Birnensaft ersetzen. Wer mag, kann zusätzlich Mandelblättchen und Rosinen in das Heißgetränk geben. Diese am besten zu gleichen Teilen in einer Schüssel vermischen und jeweils 1 EL der Mischung in die Gläser geben. Dann mit dem Punsch auffüllen.

Glühwein mit Amaretto

00 50 std : min

LOW CARB LOW FAT

PRO GLAS: 305 KCAL | 1 G E | 0 G F | 30 G KH

ZUTATEN FÜR 4 GLÄSER

- **900 g Rotwein**
- **60 g Zucker**
- **1 unbehandelte Orange, in Scheiben**
- **8 Gewürznelken**
- **1 Zimtstange**
- **6 Sternanise**
- **3 Kardamomkapseln**
- **100 g Amaretto**

1 | Rotwein und Zucker in den Mixtopf geben. Den Kocheinsatz einhängen, Orangenscheiben sowie Gewürze hineingeben und **45 Min. | Stufe 1 | 80 °C** ziehen lassen.

2 | Den Kocheinsatz mit dem Spatel entnehmen, den Amaretto in den Mixtopf geben und **20 Sek. | Stufe 3** unterrühren. Den Glühwein in Gläser füllen und servieren.

>**TIPP** Beachtet bei der Wahl des Rotweins: Mit halbtrockenem Wein wird der Glühwein deutlich süßer als mit trockenem. Wenn ihr einen trockenen Wein verwendet und es gerne süß mögt, erhöht daher eventuell die Zuckermenge.

KOCHEINSATZ ALS GEWÜRZSIEB

Hier wird der Kocheinsatz zum praktischen Gewürzsieb. Wir legen Orangenscheiben und Gewürze hinein, sodass der Rotwein beim Kochen ihre Aromen aufnimmt. Anschließend braucht ihr sie nicht abzuseihen, sondern entnehmt nur den Einsatz.

MILCH & CO. ERWÄRMEN

Im Monsieur Cuisine brennen euch Milch und Sahne nicht mehr an, da ihr sie gradgenau erwärmen könnt. Sie sollten maximal auf 90 °C erhitzt werden. Faustregel: 1 Liter **10 Min. | Stufe 2 | 90 °C**

Apfelrosen-Kräutertee

00 | 15 std : min

PRO GLAS: 55 KCAL | 1 G E | 0 G F | 13 G KH

ZUTATEN FÜR 4 GLÄSER À 250 ML

- ★ **1000 g Wasser**
- ★ **15 g loser Kräutertee**
- ★ **2 Äpfel, in dünnen Scheiben**

1 | Wasser in den ⌴ geben und ohne Messbecher **8 Min. | Stufe 1 | 100 °C** erhitzen. Den losen Tee zugeben und **3 Min. | Stufe 1 | 90 °C** ziehen lassen.

2 | Inzwischen die Apfelscheiben in 4 Reihen legen, sodass sich die Scheiben leicht überlappen. Eng zu Rosen aufrollen und je eine Rose in eine Tasse geben.

3 | Den Tee durch ein feines Sieb abseihen, auf die Tassen verteilen und servieren.

>**TIPP** Anstatt der Äpfel könnt ihr auch die etwas süßeren Birnen für den Tee verwenden. Die Birnen sollten nicht zu weich sein.

EINFACH GEDREHT

Halbiert die Äpfel und entfernt das Kerngehäuse, z. B. mit einem Teelöffel. Die Apfelhälften nun mit einem scharfen Messer in dünne Scheiben schneiden. Je dünner die Scheiben, desto besser lassen sie sich anschließend biegen. Die Scheiben längs überlappend ausbreiten und dann aufrollen. Die Apfelrosen in die Tassen geben und ggf. nochmals in Form bringen.

Hot „Bounty“

00 | 20 std : min

PRO GLAS: 475 KCAL | 11 G E | 33 G F | 34 G KH

ZUTATEN FÜR 4 GLÄSER

- ★ **200 g Sahne**
- ★ **120 g Schokoriegel „Bounty“ zzgl. etwas zum Garnieren**
- ★ **1000 g Milch**
- ★ **Kakaopulver zum Garnieren**
- ★ **Zuckerstreusel zum Garnieren**

1 | Den Rühraufsatz einsetzen. Die Sahne in den ⌴ geben und ohne Zeiteinstellung **Stufe 4** unter Sichtkontakt steif schlagen. Rühraufsatz entnehmen, die Sahne umfüllen.

2 | Riegel in den ⌴ geben und **6 Sek. | Stufe 7** zerkleinern. Auf Gläser verteilen. Die Milch in den ⌴ geben und **10 Min. | Stufe 2 | 90 °C** erwärmen. Die Milch über die zerkleinerten „Bounty“-Riegel gießen, mit einem Löffel umrühren und mit Sahne, Kakao, Streuseln und Schokoriegelstücken garniert servieren.

>**TIPP** Ihr mögt lieber „Milky Way“ oder „Snickers“? Ihr könnt Schokoriegel eurer Wahl für dieses Getränk verwenden!

Heiße Sünde mit Kokosgeschmack

FIX

Wärmt Hände und Seele

ZUCKERRAND

Für den Zuckerrand, der an Schnee erinnert, die Glasränder mit einem Stück Orange einreiben, kopfüber in eine Schale mit weißem Zucker tauchen und fest werden lassen.

Hot „Aperol“

00 | 10 std : min

PRO GLAS: 188 KCAL | 0 G E | 0 G F | 16 G KH

ZUTATEN FÜR 4 GLÄSER

* **400 g Apfelsaft**
* **600 g Weißwein**
* **2 Zimtstangen**
* **150 g „Aperol“**
* **Saft von 1 Zitrone**
* **Orangenscheiben zum Garnieren**

1 | Apfelsaft, Weißwein und Zimtstangen in den geben und **8 Min. | Stufe 1 | 90 °C** erwärmen.

2 | Zimtstangen entnehmen, „Aperol“ und Zitronensaft zugeben und **5 Sek. | Stufe 4** vermengen.

3 | Auf Gläser verteilen und mit Orangenscheiben garniert servieren.

Heiße Oma

00 | 20 std : min

PRO GLAS: 177 KCAL | 5 G E | 8 G F | 17 G KH

ZUTATEN FÜR 4 GLÄSER

* **650 g Milch**
* **30 g selbst gemachter Vanillezucker**
* **150 g Eierlikör**
* **2 Prisen frisch geriebene Muskatnuss**
* **Kakaopulver zum Bestäuben**

1 | Milch und Vanillezucker in den geben und **6 Min. | Stufe 2 | 90 °C** erwärmen.

2 | Eierlikör und Muskat zugeben und **20 Sek. | Stufe 6–8** schrittweise ansteigend schaumig aufschlagen.

3 | In Gläser füllen, mit Kakaopulver dekorieren und heiß servieren.

> **TIPP** Wer mag, gibt noch einen Klecks Schlagsahne auf die Heiße Oma.

EIERLIKÖR SELBST GEMACHT

Ob für die Heiße Oma oder zum Verschenken: Eierlikör aus ganzen Eiern könnt ihr im Monsieur in 15 Minuten selbst zubereiten. Dafür 400 g Zucker und 30 g selbst gemachten Vanillezucker in den geben, **45 Sek. | Stufe 10** pulverisieren. 700 g Korn, 9 Eier, 200 g Sahne und 350 g Milch zufügen, **12 Min. | Stufe 3 | 70 °C** erhitzen. In sterilisierte Flaschen füllen und abkühlen lassen. Gekühlt 3–4 Wochen haltbar.

Tee und Punsch im Monsieur

TEE KOCHEN MIT DEM KOCHEINSATZ

Im Monsieur Cuisine könnt ihr 2 Liter Tee nach eurem Geschmack selbst kreieren. Der Kocheinsatz ist dabei euer Teebeutel. Gebt Früchte, Gewürze sowie Teesorten hinein, die eurer Teekreation ihren Geschmack geben sollen. Gießt dann mindestens 2 Liter Wasser in den , damit später die Geschmacksgeber im Kocheinsatz ganz mit Flüssigkeit bedeckt sind. Setzt den Kocheinsatz ein und den Deckel ohne Messbecher auf. Erhitzt das Wasser **13 Min. | Stufe 2 | 100 °C**. Beim smart könnt ihr wenn ihr nur 1,5 Liter Wasser verwendet auch die Automatikfunktion „Wasser erhitzen" wählen. Dann der Teesorte entsprechend ziehen lassen und servieren.

Ideen: Verwendet getrocknete oder frische Apfel- oder Birnenscheiben, Cranberrys, Zimtstangen oder Anissterne, unbehandelte Orangen- oder Zitronenscheiben, losen groben Tee oder Teebeutel. Für 2 Liter Wasser nehmt zum Beispiel 3 Teebeutel, 2 Scheiben einer Zitrusfrucht und ½ Apfel in Scheiben.

FRUCHTPUNSCH OHNE ALKOHOL – AUCH FÜR KIDS

2000 g Fruchtsaft (zum Beispiel 1000 g trüben Apfelsaft, 500 g Orangensaft und 500 g Trauben- oder Granatapfelsaft) in den einwiegen, 2 Zimtstangen sowie 6 Gewürznelken zugeben. Die Mischung **30 Min. | | Stufe 1 | 95 °C** ohne Messbecher köcheln lassen und anschließend auf Gläser verteilen. Dabei die Gewürze herausfiltern. Falls mehr Süße gewünscht ist, am Schluss etwas Honig hinzufügen.

ABGIESSEN GANZ EINFACH

Habt ihr Obststücke oder Gewürze im mit erwärmt, die später nicht in den Gläsern landen sollen, hilft euch der Kocheinsatz beim Abseihen. Setzt ihn nach dem Kochen in den ein und fixiert ihn mit dem . Gießt das Getränk nun in eine Thermos- oder Teekanne oder direkt in eure Punschgläser. Dabei hält der Kocheinsatz die Stücke im Topf zurück.

Orangenpunsch

00 30 std : min

LOW CARB LOW FAT

PRO GLAS: 118 KCAL | 1 G E | 0 G F | 26 G KH

ZUTATEN FÜR 4 GLÄSER

- ★ **2 cm Ingwer, in Scheiben**
- ★ **500 g naturtrüber Apfelsaft**
- ★ **Saft von 4 Orangen**
- ★ **Abrieb von 1 unbehandelten Orange**
- ★ **Abrieb von 1 unbehandelten Zitrone**
- ★ **2 Zimtstangen**
- ★ **1 Sternanis**
- ★ **6 Gewürznelken**
- ★ **2 EL Honig**

1 | Alle Zutaten in den geben und **15 Min. | | Stufe 2 | 90 °C** erwärmen.

2 | Weitere **10 Min. | | Stufe 2 | 80 °C** ziehen lassen. Durch ein feines Sieb in hitzebeständige Gläser füllen und servieren.

SAFT PRESSEN

Wer häufiger Orangen oder andere Zitrusfrüchte auspresst, kann sich die Arbeit mit der Saftpresse WunderJuicer® erleichtern. Die Saftpresse wird auf Stufe 3 vom Monsieuer betrieben und fängt den Saft im auf. 39,95 Euro, www.zaubertopf-shop.de

monsieur cuisine by ZauberMix

News

Wer **ZauberMix** kennt, der weiß, dass kein Tag vergeht, an dem es nicht etwas Spannendes zu berichten gibt. Erfahrt hier alles Wichtige!

monsieur cuisine

STRESSFREI IN DEN ADVENT

Die November- und Dezemberwochen können schon recht stressig werden, denn im ganz normalen Alltag sollen auch noch die Weihnachtsgeschenke beschafft, Nikolausstiefel befüllt, Adventskalender gebastelt und Grußkarten in die Post gesteckt werden. Wenn ihr zwischendurch also keine Idee mehr für ein schnelles Mittagessen habt, können wir das gut nachvollziehen. Dafür schaut ihr am besten einfach in die **ZauberMix** App. Hier findet ihr ruckzuck genau, was ihr braucht. Filtert die Rezepte nach eurem Geschmack und wählt direkt, wie schnell sie gekocht sein sollen. Oder lasst euch jeden Tag unsere Empfehlung per Direktnachricht aufs Smartphone schicken. **Unser Entspannungs-Tipp:** Testet die App genau dafür jetzt 31 Tage kostenlos!

Mehr Wohltuendes für die kalten Monate

In unserer Winterausgabe von **monsieur cuisine by ZauberMix** geht es ebenfalls hoch her. Wir kochen wunderbar deftige Gerichte für kalte Novembertage, die uns nach langen Spaziergängen richtig schön aufwärmen. Zum Adventskaffee backen wir Schokosünden und kleine Leckerbissen zum Naschen. Für den Heiligabend findet ihr in dieser Ausgabe herrliche Festmenüs, die mit dem Monsieur wirklich stressfrei zubereitet sind und eure Liebsten begeistern werden. An Silvester stoßen wir mit eleganten Cocktails aus dem Mixtopf auf das vergangene und auf das kommende Jahr an. Für echte Hingucker auf dem Büfett ist ebenfalls gesorgt! Ab dem 3. November im Handel.

Besondere Geschenkidee

FÜR PIZZALIEBHABER

Diesen kleinen Pizzaofen haben wir als neuestes Highlight für die Pizzaparty mit Freunden entdeckt. Auch toll für Ruckzuck-Flammkuchen. Den FerrariG3 gibt's jetzt auch im Spar-Set mit Teigmatte und -karte für 144,40 Euro. Für den Wunschzettel! www.zaubertopf-shop.de

GRATIS E-BOOK

TIRAMISU GANZ EINFACH

Cremige Mascarpone, herber Kaffee, softe Biskuits und ein Hauch Amaretto – die Kombi verführt uns jedes Mal aufs Neue. **Die Top Ten Tiramisus gibt's jetzt im E-Book!** Wie sie superlecker und einfach mit dem Monsieur Cuisine gelingen, erfahrt ihr hier! Mit dabei: Wertvolle Tipps, damit das Dessert authentisch schmeckt, und Ideen, wie ihr es zum Abschluss eures Weihnachtsdinners festlich serviert, um eure Liebsten zu beeindrucken. **Jetzt kostenlos** unter www.zaubermix.de/tiramisu-extra

Scan mich!

HÄTTE ICH DAS GEWUSST ...

Es tut sich so viel in der Welt des Monsieur Cuisine. Ob es ein neues Zubehör oder wichtige Hinweise zur Nutzung gibt, kann man da schnell verpassen. Aber nicht mit unserem kostenlosen Newsletter! Jetzt anmelden: zaubermix.de/news

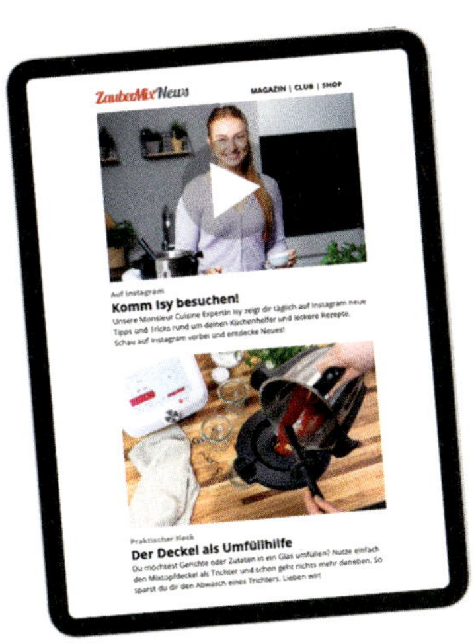

Jetzt gewinnen!

Wir verlosen unser Backbuch!

Auch beim Brotbacken ist der Monsieur ein exzellenter Partner. Wer im neuen Jahr endlich damit beginnen möchte, Brot selbst zu machen, hat jetzt die Chance, eines von drei Backbüchern für den einfachen Start zu gewinnen! **Gleich teilnehmen** unter www.zaubermix.de/brot-verlosung

Noch mehr Lust auf Backen? Dann legen wir euch unsere neu aufgelegten Brotbackmischungen ans Herz! Probiert Bauern-, Körner- und Joghurtbrot aus. Je Packung könnt ihr zwei Brote backen – eins für euch, eins zum Verschenken. Zum Beispiel mit einer süßen Aromabutter ab Seite 68 ...

Fotos: Alexandra Panella (1); Jorma Gottwald (1); Anna Gieseler (2); Sandra Leibinger (1); Désirée Peikert (1); Ira Leoni (1); Stockfood.de/ Gräfe & Unzer Verlag / mona binner PHOTOGRAPHIE (1), Lucy Parissi (1); Archiv (1)

Sternenzauber

Saftiges Hefegebäck kunstvoll verziert –
so wird der Adventssonntag zum Fest!

Rezept: Elisa Schilling

Weihnachts-Sternbrot mit Zimt
Rezept siehe Seite 66

Süßes

zum Teilen

Fotos: www.stockfood.com/ The Picture Pantry (2)

Schönheit Schicht für Schicht

Weihnachts-Sternbrot mit Zimt

01 05 std : min

LOW CARB LOW FAT

PRO STÜCK: 500 KCAL | 11 G E | 19 G F | 72 G KH

ZZGL. 1 STD. 15 MIN. RUHEZEIT

ZUTATEN FÜR 1 STERNBROT À 8 STÜCKE

FÜR DEN TEIG

- ★ **250 g Milch**
- ★ **20 g frische Hefe**
- ★ **75 g Zucker**
- ★ **500 g Weizenmehl Type 550 zzgl. etwas zum Bearbeiten**
- ★ **2 Eier**
- ★ **70 g weiche Butter, in Stücken**
- ★ **1 TL Salz**

FÜR DIE FÜLLUNG

- ★ **75 g Butter, in Stücken**
- ★ **75 g Zucker**
- ★ **1½ TL Zimt**
- ★ **1 Ei zum Bestreichen**
- ★ **Puderzucker zum Bestäuben**

1 | Milch, Hefe und 5 g Zucker in den Mixtopf geben und **3 Min. | Stufe 2 | 37 °C** erwärmen. Die restlichen Zutaten für den Teig zugeben und **2 Min. |** Teigstufe zu einem glatten Teig verkneten. Den Teig in eine bemehlte Schüssel umfüllen, mit einem feuchten Tuch abdecken und etwa 1 Std. an einem warmen Ort ruhen lassen. Den Mixtopf spülen.

2 | Für die Füllung Butter, Zucker und Zimt in den Mixtopf geben und **4 Min. | Stufe 2 | 60 °C** schmelzen. Ein Blech mit Backpapier belegen. Den Teig auf einer bemehlten Arbeitsfläche in 3 gleich große Stücke teilen. Die Teiglinge nacheinander rund ausrollen (ca. Ø 30 cm) und genau übereinander auf das Blech legen. Dabei zwischen den Teigschichten die Füllung verstreichen und außen einen ca. 1 cm breiten Rand frei lassen.

3 | Mit einem Glas die Mitte des Kreises markieren. Von diesem Kreis aus den Teig zum äußeren Rand hin in 16 Streifen schneiden. Jeden zweiten Streifen vorsichtig zweimal eindrehen, sodass die Füllung sichtbar wird. Den jeweils danebenliegenden Streifen in die entgegengesetzte Richtung eindrehen und die Enden einschlagen. Das Brot weitere 15 Min. gehen lassen. Den Backofen auf 200 °C Ober-/Unterhitze vorheizen.

4 | Inzwischen das Ei verquirlen und die Oberfläche damit bestreichen. Das Sternbrot im heißen Ofen 25–30 Min. backen. Abkühlen lassen, mit Puderzucker bestäuben und warm oder kalt servieren.

> **TIPP** Um aus dem ausgerollten Teig 3 gleich große Kreise zu formen, eignet sich eine Springform oder ein großer Teller.

GOLDENES ERGEBNIS

Eine Lasur mit Ei oder Eigelb verleiht Hefeteig beim Backen eine goldbraune Farbe. Wer möchte, kann das Gebäck vor dem Backen noch mit Hagelzucker, herkömmlichem Zucker oder Streuseln verzieren – so erhält er eine glitzernde oder bunte Oberfläche.

Alternativ zu Ei könnt ihr auch Sahne zum Bestreichen verwenden oder ihr lasiert das Gebäck mit einer Mischung aus Ei und Sahne, ehe ihr es in den Ofen schiebt. Das Ergebnis wird allerdings nicht so glänzend.

Puderzucker erst nach dem Backen aufstreuen, am besten kurz vor dem Servieren, damit er nicht einzieht.

Nicole Online-Redakteurin

Was ich an Hefeteig so liebe, ist, dass er sich ganz einfach auch ***vegan, laktose-*** *oder* ***glutenfrei*** *zubereiten lässt!*

HEFETEIG FÜR ALLE

Das köstliche Gebäck könnt ihr mit dem Tausch einiger Zutaten im Handumdrehen auch bekömmlich für alle Gäste zubereiten

GLUTENFREI

Mit diesem Rezept bereitet ihr den perfekten glutenfreien Hefeteig für das Sternbrot zu: Dafür 400 ml Milch, 20 g frische Hefe sowie 10 g Zucker in den geben und **3 Min. | Stufe 2 | 37°C** erwärmen. Dann 500 g glutenfreie Mehlmischung (z. B. von Schär), 1 EL Flohsamen, 30 g Zucker, 40 g Butter in Stücken, 1 Ei und 1 TL Salz in den geben und **1 Min. |** zu einem glatten Teig verkneten. Den Teig in eine bemehlte Schüssel umfüllen, mit einem feuchten Tuch abdecken und etwa 1 Std. an einem warmen Ort ruhen lassen. Anschließend den Teig nach dem Rezept (siehe linke Seite) weiterverarbeiten, mit der Füllung bestreichen und im Ofen backen.

VEGAN & LAKTOSEFREI

Rein pflanzlich und garantiert lecker. So bereitet ihr den veganen Hefeteig für das Sternbrot zu: 275 ml ungesüßten Sojadrink, 100 g vegane Margarine, 1 Würfel frische Hefe sowie 10 g Zucker in den geben und **3 Min. | Stufe 2 | 37°C** erwärmen. Dann 500 g Mehl, 90 g Zucker und 1 Prise Salz in den geben und **2 Min. |** zu einem glatten Teig verkneten. Den Teig in eine bemehlte Schüssel umfüllen, mit einem feuchten Tuch abdecken und etwa 1 Std. an einem warmen Ort ruhen lassen. Anschließend könnt ihr den Teig nach dem Rezept (siehe linke Seite) weiterverarbeiten. Verwendet für die Füllung anstatt Butter die gleiche Menge vegane Margarine. Bestreicht den Teig vor dem Backen anstatt mit Ei mit 2–3 EL Sojadrink.

- Den halben Hefewürfel könnt ihr durch 1 Päckchen Trockenhefe ersetzen.
- Glutenfreies Gebäck frisch genießen oder einfrieren, da der Teig schneller trocken wird.
- Der glutenfreie Teig geht beim Backen besser auf, wenn ihr ein Gefäß mit Wasser auf den Ofenboden stellt.

- Ihr könnt den Würfel Hefe durch 2 Päckchen Trockenhefe ersetzen.
- Veganer Teig bräunt weniger – es nützt nichts, die Backzeit zu verlängern, das macht das Ergebnis nur trocken.
- Welchen Pflanzendrink ihr verwendet, ist Geschmackssache. Soja- oder Haferdrink schmecken am neutralsten.

Fotos: www.stockfood.com/The Picture Pantry (1); Kathrin Knoll (3)

Aromatisches

STREICHKONZERT

Mit der Klaviatur der Weihnachtsgewürze verfeinern wir Butter und verrühren sie im Monsieur Cuisine zu cremigsten Aufstrichen. Unserem Stollen verpassen sie so feine Geschmacksnoten

Rezepte: Charlotte Heyn, Lukas Lotzing | Styling & Fotos: Anna Gieseler, Kathrin Knoll

EASY

Alle Ideen sind aus wenigen Zutaten leicht zubereitet

Im Kühlschrank sind alle Butter-Variationen ca. 1 Woche haltbar

Lebkuchen-Butter

00 05 std : min

LOW CARB LOW FAT

PRO PORTION (1 EL): 62 KCAL | 0 G E | 6 G F | 2 G KH

ZUTATEN FÜR 1 GLAS À 350 ML

- 2 Gewürznelken
- 100 g Lebkuchen, in Stücken
- 20 g Honig
- 2 TL Kakaopulver
- ½ TL Zimt
- ¼ TL frisch geriebene Muskatnuss
- 250 g weiche Butter, in Stücken

1 Nelken im 15 Sek. | Stufe 10 pulverisieren. Lebkuchen hinzufügen und **10 Sek. | Stufe 8** zerkleinern.

2 Honig, Kakao, Zimt, Muskat und Butter in den geben und alles **20 Sek. | Stufe 4** vermischen. In ein Glas umfüllen, kalt stellen und etwas aushärten lassen.

Pekannuss-Honig-Butter

00 10 std : min

LOW CARB LOW FAT

PRO PORTION (1 EL): 64 KCAL | 0 G E | 6 G F | 2 G KH

ZUTATEN FÜR 1 GLAS À 350 ML

- 30 g Pekannüsse
- 80 g Honig
- 1 TL Zimt
- 250 g weiche gesalzene Butter, in Stücken

1 Pekannüsse in einer Pfanne ohne Fett anrösten und etwas abkühlen lassen. Nüsse in den geben, **5 Sek.** | **Stufe 8** zerkleinern und umfüllen.

2 Honig, Zimt und Butter in den geben und **20 Sek.** | **Stufe 4** vermengen. Mit dem nach unten schieben. Nüsse hinzufügen und **20 Sek.** | **Stufe 3** unterrühren. Die Butter in ein Glas umfüllen, kalt stellen und etwas aushärten lassen.

>TIPP Ihr könnt diese salzig-süße Butter natürlich auch mit einer anderen Nusssorte machen. Gut eignen sich Walnüsse, Haselnüsse oder auch Macadamianüsse. Wenn ihr keine gesalzene Butter verwendet, gebt ½ TL Meersalz an die Mischung. Das Salz hebt den Geschmack der süßen Zutaten hervor.

Fotos: Adobe Stock/Mas Water (2); Illustrationen: Archiv (1); Freepik.com (3)

Orangen-Vanille-Butter

00 05 std : min

LOW CARB LOW FAT

PRO PORTION (1 EL): 63 KCAL | 0 G E | 6 G F | 1 G KH

ZUTATEN FÜR 1 GLAS À 350 ML

- ⋆ **250 g weiche Butter, in Stücken**
- ⋆ **40 g Zucker**
- ⋆ **Mark von 1 Vanilleschote**
- ⋆ **Abrieb von 1 unbehandelten Orange**
- ⋆ **30 g Orangensaft**

Butter mit Zucker in den geben und **2 Min. | Stufe 3** schaumig rühren. Vanillemark, Orangenabrieb sowie -saft hinzufügen und **30 Sek. | Stufe 3** vermischen. Ggf. mit dem nach unten schieben und erneut vermengen. In ein Glas umfüllen, kalt stellen und etwas aushärten lassen.

> TIPP Die Butter schmeckt besonders gut auf süßem Hefegebäck oder mit knusprigen Cantuccini.

Honig-Zimt-Butter

00 05 std : min

LOW CARB LOW FAT

PRO PORTION (1 EL): 54 KCAL | 0 G E | 4 G F | 4 G KH

ZUTATEN FÜR 2 GLÄSER À 250 ML

- ⋆ **250 g weiche Butter, in Stücken**
- ⋆ **70 g Puderzucker**
- ⋆ **½ TL Zimt**
- ⋆ **180 g Honig**
- ⋆ **1 TL selbst gemachter Vanillezucker**

Butter mit Puderzucker in den geben und **20 Sek. | Stufe 4** vermengen. Zimt, Honig sowie Vanillezucker hinzugeben und **30 Sek. | Stufe 3** unterrühren. In Gläser umfüllen, kalt stellen und etwas aushärten lassen.

> TIPP Nehmt die Butter am besten schon am Vortag aus dem Kühlschrank, damit sie für die Verarbeitung schön weich wird. Oder schneidet sie in kleine Würfel, diese werden schneller weich als ein großer Block Butter.

SO duftet's SCHON BEIM FRÜHSTÜCK NACH Advent

Spekulatius-Butter

00 15 std : min

LOW CARB LOW FAT

PRO PORTION (1 EL): 45 KCAL | 0 G E | 3 G F | 4 G KH

ZUTATEN FÜR 2 GLÄSER À 400 ML

- 250 g Spekulatius, in Stücken
- 400 g gezuckerte Kondensmilch
- 150 g weiche Butter, in Stücken
- 2 EL Öl

Spekulatius in den Mixtopf geben, **30 Sek. | Stufe 10** mahlen und umfüllen. Kondensmilch sowie Butter in den Mixtopf geben und **8 Min. | Stufe 2 | 50°C** erwärmen. Mit dem Spatel nach unten schieben. Spekulatius mit Öl zugeben und **30 Sek. | Stufe 4** vermengen. In verschließbare Schraubgläser füllen und bis zum Servieren kalt stellen.

>**TIPP** Die Keksbutter schmeckt auf würzigem Brot wie Knäckebrot oder Roggenbrot erstaunlich gut. Ihr könnt aber auch ein süßes Zupfbrot damit herstellen.

EINE *edle* KOMBINATION FÜR *Gourmets*

Ahornsirup-Walnuss-Butter

00 | 10 std : min

LOW CARB LOW FAT

PRO PORTION (1 EL): 70 KCAL | 0 G E | 7 G F | 1 G KH

ZZGL. 2 STD. RUHEZEIT

ZUTATEN FÜR 2 ROLLEN À 175 G

- 70 g Walnüsse
- 1 TL grobes Meersalz
- 250 g weiche Butter, in Stücken
- 30 g Ahornsirup

Walnüsse in einer Pfanne ohne Fett anrösten und abkühlen lassen. Anschließend mit dem Salz in den Mixtopf geben und **5 Sek. | Stufe 8** zerkleinern. Butter und Ahornsirup hinzufügen und **20 Sek. | Stufe 4** vermengen. Die Butter auf ein Stück Backpapier geben, zu einer Rolle formen und 2 Std. kalt stellen.

> **TIPP** Wer mag, hackt für den Crunch-Effekt noch einige Walnüsse grob und hebt die Stücke am Schluss unter die Butter.

Orangen-Honig-Butter

00 05
std : min

LOW CARB LOW FAT

PRO PORTION (1 EL): 60 KCAL | 0 G E | 5 G F | 3 G KH

ZUTATEN FÜR 1 GLAS À 350 ML

- 90 Zucker
- 3 TL Saft und Abrieb von 1 unbehandelten Orange
- 30 g Honig
- 250 g weiche Butter, in Stücken

Zucker und Orangenabrieb in den geben und **40 Sek. | Stufe 10** pulverisieren. Orangensaft, Honig sowie weiche Butter in den geben und **20 Sek. | Stufe 4** vermengen. In ein Glas umfüllen, kalt stellen und etwas aushärten lassen.

Zimt-Mandel-Butter

00 10
std : min

LOW CARB LOW FAT

PRO PORTION (1 EL): 70 KCAL | 0 G E | 7 G F | 1 G KH

ZUTATEN FÜR 1 GLAS À 350 ML

- 100 g Mandelstifte
- 250 g weiche Butter, in Stücken
- 1 TL Zimt
- 2 EL Zucker

Mandelstifte in einer Pfanne ohne Fett anrösten. Kurz abkühlen lassen, dann in den geben und **5 Sek. | Stufe 8** zerkleinern. Butter, Zimt und Zucker hinzufügen und **20 Sek. | Stufe 5** vermengen. In ein Glas füllen und vollständig auskühlen lassen.

>**TIPP** Dieser Butter verleiht euren Waffeln einen herrlichen Wintergeschmack! Tauscht sie einfach 1:1 mit der im Rezept verwendeten Butter.

RATGEBER

BUTTER-BASICS

Wie ihr eure wertvolle Butter gelingsicher verarbeitet oder ersetzt. Plus: Alternativen für Honig

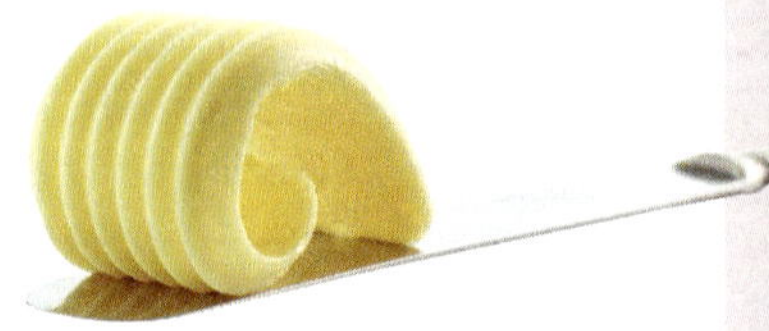

Vegane Alternative

Eine gute Basis ist ungesalzene, ungehärtete Margarine mit mildem Geschmack, die sich gut streichen lässt.
Möchtet ihr eure Aromabutter als Brot- oder Stollenbelag verwenden, wählt ein Produkt, das sich als Brotaufstrich eignet. Wollt ihr mit der Aromabutter als Backzutat Teige verfeinern, greift zu einer Alternative, die speziell zum Backen gedacht ist. Wir nutzen für die vegane Küche gern Alsan-S. Diese rein pflanzliche Margarine eignet sich ideal als Streichfett auf Brot, zum Backen und auch zum Kochen. Außerdem ist ihr Geschmack dem von Butter sehr ähnlich.

Butter mit Zimmertemperatur

Sehr kalte und noch harte Butter verbindet sich nicht homogen mit anderen Zutaten. Flüssige Butter wiederum gelingt nicht luftig und lässt sich nicht formen. Verwendet daher zimmerwarme Butter. Holt sie am besten mindestens 12 Stunden vor der Verarbeitung aus dem Kühlschrank oder schneidet sie in kleine Würfel, die rasch weich werden.

ZUM VERSCHENKEN

Bringt eure Aromabutter in eine schöne Form. Gebt sie dafür in Silikonformen für Eiswürfel oder stecht von der Rolle geschnittene Butterscheiben mit Ausstechförmchen in Herzen, Sterne oder andere Formen.

HONIG

Er bringt eine natürliche, würzige Süße in jede Aromabutter und harmoniert mit Gewürzen wie Zimt, Nelken und Muskat. Gebt immer erst nur eine kleine Menge Honig an die Butter und prüft, wie sich die Konsistenz des Streichfetts verändert. Ihr könnt sowohl flüssigen als auch stichfesten Honig verwenden.

Pflanzliche Süße

Anstelle von Honig könnt ihr auf gute – ebenfalls vegane – Alternativen zurückgreifen. Unsere liebste Tauschzutat ist Ahornsirup. Er hat eine ähnliche Würze und einen wunderbar karamelligen Geschmack, der gut zu den weihnachtlichen Aromabutter-Kreationen passt. Auch Agavendicksaft eignet sich. Gebt von dem jeweiligen Produkt nach und nach kleine Mengen in den Mixtopf und rührt es unter. Prüft zwischendurch Textur und Geschmack. Die flüssigen Zutaten können eure Aromabutter nämlich schnell zu weich machen. Fügt dann weitere Butter oder Margarine hinzu oder stellt die Aromabutter vor dem Verwenden kalt.

BACKE DEIN EIGENES BROT
IM 3ER-SET MIT GESCHENK
NUR 17,85 €
ZauberTopf
BackZauber
BAUERN BROT
Knusprig, kräftig, rustikal!
Einfach & gelingsicher
Backmischung ergibt 2 Brote 1000 g
ZauberTopf
BackZauber
JOGHURT BROT
Hell, locker, frisch!
Einfach & gelingsicher
Backmischung ergibt 2 Brote 1000 g
ZauberTopf
BackZauber
KÖRNER BROT
Dunkel, körnig, saftig!
Einfach & gelingsicher
Backmischung ergibt 2 Brote 1000 g
ENDLICH WIEDER DA!
Backe diese drei köstlichen Brote einfach und gelingsicher mit unseren selbst entwickelten Backmischungen. Jede 1-Kilo-Packung ergibt 2 Brote. Wie wäre es mit Bauern-, Körner- oder Joghurtbrot? Je Sorte 5,95 Euro. Auch im **Probier-Set zum Sparpreis mit allen 3 Sorten und einer gratis ZauberCard** im Wert von 4,35 Euro für einfache Teigverarbeitung im Monsieur Cuisine!
WWW.ZAUBERTOPF-SHOP.DE

Apfel-Quark-Kuchen mit Mandeln
Rezept siehe Seite 84

APFELLIEBE im Advent

Warmer Apfelcrumble, Käsekuchen, Torte mit Kompott oder saftige Apfelballen für unterwegs – das Winterobst zeigt sich im Advent vielseitig, festlich und unwiderstehlich

Rezepte: Lukas Lotzing

Apfel-Karamell-Kuchen

01 | 10
std : min

PRO STÜCK: 391 KCAL | 6 G E | 21 G F | 47 G KH

ZUTATEN FÜR 12 STÜCKE

FÜR DEN BELAG
- ★ **750 g Äpfel, in Spalten**
- ★ **1 EL Zitronensaft**
- ★ **100 g Walnüsse**
- ★ **60 g weiche Butter, in Stücken**
- ★ **100 g Zucker**

FÜR DEN TEIG
- ★ **125 g Butter, in Stücken**
- ★ **125 g Zucker**
- ★ **1 EL selbst gemachter Vanillezucker**
- ★ **3 Eier**
- ★ **80 g Milch**
- ★ **230 g Weizenmehl Type 405**
- ★ **2 TL Backpulver**
- ★ **1 Prise Salz**

AUSSERDEM
- ★ **Springform (Ø 26 cm)**

1 Den Backofen auf 180 °C Ober-/Unterhitze vorheizen. Den Boden und Rand der Springform mit Backpapier auskleiden. Für den Belag die Äpfel mit Zitronensaft vermengen. Walnüsse in den Mixtopf geben, **2 Sek. | Stufe 6** grob hacken und umfüllen.

2 Butter auf dem Boden der Springform verteilen, Zucker darüberstreuen. Apfelspalten und Walnüsse gleichmäßig daraufgeben.

3 Für den Teig den Rühraufsatz einsetzen. Butter mit Zucker und Vanillezucker in den Mixtopf geben, **2 Min. | Stufe 3** cremig rühren. Dabei nach und nach die Eier und dann die Milch durch die Deckelöffnung zugeben und unterrühren. Rühraufsatz entnehmen. Mehl, Backpulver sowie Salz zufügen und **20 Sek. | Stufe 4** unterheben.

4 Teig in die Springform geben und den Kuchen im heißen Ofen ca. 40 Min. backen. Aus dem Ofen nehmen und sofort mit einem Messer vom Springformrand lösen. Den Kuchen ca. 10 Min. in der Form auskühlen lassen, dann stürzen, sodass die Apfel-Karamell-Schicht oben ist. Weiter auskühlen lassen und anschließend in Stücke geschnitten servieren.

DAS EINFACHSTE KARAMELL DER WELT

Dieses Karamell ensteht beim Backen praktisch von allein. Vor dem Einfüllen des Teigs in die Backform werden Butter und Zucker zusammen hineingegeben. Durch die hohe Temperatur des Ofens karamellisieren die daraufgelegten Äpfel und Nüsse während des Backens in der Butter-Zucker-Mischung. Sobald ihr den Kuchen stürzt, befindet sich die karamellisierte Seite oben.

Fotos: Bosch/Désirée Peikert (2)

Apfel-Quark-Auflauf

Rezept siehe Seite 84

NUR 7 ZUTATEN

Für diese warme Quarkspeise mit Äpfeln braucht es nicht viele Zutaten – die wichtigsten sind Äpfel, Quark und Eier. Aromatisiert mit Vanille und Zucker bekommt der Auflauf seine winterliche Note. Er schmeckt übrigens auch kalt sehr gut und bleibt im Kühlschrank bis zu 2 Tage frisch.

Fürs PICKNICK IM SCHNEE sehr beliebt!

Die saftigsten Apfelballen vom Blech

00 | 50 std : min

CARB FAT

PRO STÜCK: 365 KCAL | 7 G E | 13 G F | 55 G KH

ZUTATEN FÜR 8 STÜCK

- ★ 200 g Magerquark
- ★ 100 g Sonnenblumenöl
- ★ 160 g Zucker
- ★ Mark von 1 Vanilleschote
- ★ 300 g Weizenmehl Type 405
- ★ 2 TL Backpulver
- ★ 2 Äpfel, geschält und in Würfeln
- ★ 1 TL Zimt

1 | Den Backofen auf 180 °C Umluft vorheizen. Ein Blech mit Backpapier belegen. Quark mit Öl, 100 g Zucker und Vanillemark in den [Mixtopf] geben und **20 Sek. | Stufe 4** vermengen.

2 | Mehl und Backpulver zugeben und erneut **20 Sek. | Stufe 4** vermengen. Äpfel mit dem [Spatel] unterheben.

3 | Teig zu 8 Bällen formen, auf das Backblech setzen und im heißen Ofen ca. 25 Min. backen. Zimt mit übrigem Zucker vermengen und die Ballen direkt nach dem Backen darin wälzen.

Unsichtbarer Apfelkuchen – „Invisible Cake"

01 00 std : min

LOW CARB LOW FAT

PRO STÜCK: 226 KCAL | 5 G E | 9 G F | 31 G KH

ZUTATEN FÜR 12 STÜCKE

- 70 g weiche Butter, in Stücken
- 80 g Zucker
- 1 TL selbst gemachter Vanillezucker
- 4 Eier
- 100 g Milch
- 130 g Weizenmehl Type 405
- 1 TL Backpulver
- ½ TL Zimt
- 1 Prise Salz
- 1000 g Äpfel, geschält, geviertelt und in dünnen Scheiben
- 50 g Mandelblättchen
- Puderzucker nach Belieben

AUSSERDEM

- Kastenform (ca. 24 cm Länge)

1 Den Backofen auf 180 °C Ober-/Unterhitze vorheizen. Die Kastenform mit Backpapier auslegen. Den Rühraufsatz einsetzen. Butter, Zucker und Vanillezucker in den Mixtopf geben und **2 Min. | Stufe 4** schaumig rühren, dabei nach und nach die Eier durch die Deckelöffnung zugeben.

2 Rühraufsatz entnehmen. Milch, Mehl, Backpulver, Zimt sowie Salz zugeben und weitere **20 Sek. | Stufe 4** verrühren.

3 Die Apfelscheiben abwechselnd mit dem Teig in die Form schichten. Mandelblättchen darauf verteilen und den Kuchen im heißen Ofen 40–45 Min. backen. Herausnehmen und vollständig auskühlen lassen. Nach Belieben mit Puderzucker bestreut servieren.

>TIPP Der WunderSlicer® – ein Aufsatz für den Monsieur, der Scheiben schneidet und feine Raspel herstellt – spart euch bei diesem Rezept richtig viel Zeit. In Sekunden ist ein ganzes Kilo Äpfel in Scheiben gehobelt – nach Belieben dick oder dünn. Ihr findet das Zubehör unter www.zaubertopf-shop.de

Fotos: Bosch/Anna Gieseler; www.stockfood.com/Profimedia

TRENDGEBÄCK

„Invisible" heiß unsichtbar. Dieser „unsichtbare" Apfelkuchen trägt den Namen, da er auf den ersten Blick nicht erkennen lässt, wie viel Apfel in seinem Inneren steckt. Dabei ist es ein ganzes Kilo, das wir mit Rührteig abwechselnd in die Backform schichten. Ein echtes Fruchtpaket also!

Winterapfeltorte

01 15 std : min

PRO STÜCK: 394 KCAL | 6 G E | 24 G F | 39 G KH

ZZGL. 4 STD. RUHEZEIT

ZUTATEN FÜR 12 STÜCK

FÜR DEN BODEN
- 85 g weiche Butter, in Stücken, zzgl. etwas zum Fetten
- 120 g Zucker
- 3 Eier
- 100 g Weizenmehl Type 405
- 75 g Sahne
- 50 g gemahlene Mandeln
- 1 TL Backpulver
- 1 Prise Salz

FÜR DIE CREME
- 400 g Schmand
- 1 TL selbst gemachter Vanillezucker
- 400 g Sahne
- 2 Pck. Sahnesteif

FÜR DAS KOMPOTT
- 800 g Äpfel, in Würfeln
- 350 g Apfelsaft
- 1 TL selbst gemachter Vanillezucker
- 1 TL Zimt
- Saft von 1 Zitrone
- 40 g Vanillepuddingpulver

AUSSERDEM
- Springform (Ø 26 cm)
- Tortenring

1 Backofen auf 175 °C Ober-/Unterhitze vorheizen. Die Springform einfetten. Für den Boden den Rühraufsatz einsetzen. Butter und Zucker in den geben und **2 Min. | Stufe 3** schaumig rühren, dabei nach und nach die Eier durch die Deckelöffnung zugeben.

2 Rühraufsatz entnehmen. Mehl, Sahne, Mandeln, Backpulver sowie Salz zufügen und weitere **20 Sek. | Stufe 4** vermengen. Teig in die Springform geben und im heißen Ofen ca. 25 Min. backen. Herausnehmen und auskühlen lassen. Rühraufsatz und spülen.

3 Für die Creme Schmand mit Vanillezucker in einer Schüssel glatt rühren. Rühraufsatz wieder einsetzen. Sahne mit Sahnesteif im ohne Zeiteinstellung **Stufe 4** unter Sichtkontakt steif schlagen. Rühraufsatz entfernen, Schmand zugeben und mithilfe des unterheben. Umfüllen und den spülen.

4 Für das Kompott Äpfel, 200 g Apfelsaft, Vanillezucker, Zimt und Zitronensaft in den geben, **10 Min. | | Stufe 2 | 90 °C** aufkochen. 50 g Apfelsaft mit Puddingpulver verrühren und kurz vor Ende der Zeit durch die Deckelöffnung geben. Etwas abkühlen lassen.

5 Kuchenboden auf eine Tortenplatte legen und einen Tortenring darumspannen. Die Hälfte des Kompotts unter die Creme rühren, auf dem Boden verteilen und 2 Std. kalt stellen.

6 100 g Apfelsaft zum restlichen Kompott in den geben und erneut **5 Min. | | Stufe 2 | 90 °C** aufkochen. Auf der Torte verteilen und nochmals 2 Std. auskühlen lassen. In Stücke schneiden und servieren.

IN 10 MINUTEN IM OFEN
Für dieses Rezept braucht ihr nur 10 Minuten reine Arbeitszeit, denn die Streusel sind im Monsieur fix vermengt und anschließend auf die Apfelmasse gestreut. Alles andere macht der Backofen für euch.

Apfelcrumble

00 40 std : min

LOW CARB LOW FAT

PRO PORTION: 555 KCAL | 6 G E | 24 G F | 81 G KH

ZUTATEN FÜR 4 PERSONEN

- 80 g kalte Butter, in Stücken, zzgl. etwas zum Fetten
- 4 Äpfel, in dünnen Scheiben
- Saft von 1 Zitrone
- 2 TL Zimt
- 150 g Weizenmehl Type 405
- 90 g Zucker
- 1 Prise Salz

AUSSERDEM
- Auflaufform (ca. 25×18 cm)

1 | Den Backofen auf 180 °C Umluft vorheizen. Die Auflaufform mit Butter fetten. Äpfel mit Zitronensaft und 1 TL Zimt vermengen und in der Auflaufform verteilen.

2 | Butter, Mehl, Zucker, übrigen Zimt sowie Salz in den ⊔ geben und **20 Sek. | Stufe 5** zu Streuseln vermengen.

3 | Streusel über den Äpfeln verteilen und den Crumble im heißen Ofen ca. 30 Min. backen. Herausnehmen und noch warm servieren.

> TIPP Dazu passt Vanilleeis sowie geschlagene Sahne mit etwas Zimt oder Vanille verfeinert.

So CREMIG

Apfel-Quark-Kuchen mit Mandeln

01 15 std : min

LOW CARB · LOW FAT

PRO STÜCK: 190 KCAL | 6 G E | 7 G F | 25 G KH

ZZGL. 1 STD. RUHEZEIT

ZUTATEN FÜR 12 STÜCKE

FÜR DEN MÜRBETEIG
- **125 g Weizenmehl Type 405 zzgl. etwas zum Bearbeiten**
- **1 Msp. Backpulver**
- **35 g Zucker**
- **70 g kalte Butter, in Stücken, zzgl. etwas zum Fetten**

FÜR DIE FÜLLUNG
- **3 Äpfel, in Spalten**
- **2 Eier, getrennt**
- **2 TL selbst gemachter Vanillezucker**
- **250 g Quark**
- **50 g Zucker**
- **20 g Stärke**
- **Saft und Abrieb von ½ unbehandelten Zitrone**

FÜR DIE KARAMELLISIERTEN MANDELN
- **30 g blanchierte Mandeln**
- **30 g Zucker**
- **10 g Wasser**

AUSSERDEM
- **Springform (Ø 24 cm)**

1 Die Zutaten für den Mürbeteig in den geben und **30 Sek. | Stufe 5** zu einem glatten Teig verkneten. Zu einer Kugel formen und abgedeckt 1 Std. kalt stellen. Den spülen.

2 Den Boden der Springform mit Backpapier auslegen und den Rand fetten. Mürbeteig auf einer bemehlten Arbeitsfläche noch einmal kurz kneten, dann ausrollen. In die Springform geben und einen Rand hochziehen. Apfelspalten dicht an dicht auf dem Mürbeteigboden verteilen.

3 Backofen auf 180 °C Ober-/ Unterhitze vorheizen. Für die Füllung den Rühraufsatz einsetzen. Eiweiß in den geben und unter Sichtkontakt **Stufe 4** steif schlagen, dabei den Vanillezucker einrieseln lassen. Rühraufsatz entnehmen und den Eischnee umfüllen.

4 Quark mit Zucker, Stärke, Eigelb, Zitronenabrieb und -saft in den geben und **20 Sek. | Stufe 4** verrühren. Eischnee mit dem unter die Quarkmasse heben. Füllung auf den Äpfeln verteilen und den Kuchen im heißen Ofen 40–50 Min. backen.

5 Inzwischen für die Mandeln etwas Alufolie mit Öl einpinseln. Die Mandeln in einer Pfanne ohne Öl anrösten und umfüllen. Zucker und Wasser in die Pfanne geben und kurz aufkochen lassen, bis die Masse karamellisiert und hellbraun wird.

6 Mandeln zufügen und untermischen. Auf die Alufolie geben, auskühlen lassen. Apfelkuchen aus dem Ofen nehmen, auskühlen lassen und aus der Form nehmen. Mit den karamellisierten Mandeln dekoriert servieren.

Apfel-Quark-Auflauf

01 10 std : min

LOW CARB · LOW FAT

PRO PORTION: 474 KCAL | 25 G E | 13 G F | 65 G KH

ZUTATEN FÜR 4 PERSONEN

- **500 g Äpfel, geschält, in dünnen Scheiben**
- **Saft von 1 Zitrone**
- **4 Eier, getrennt**
- **130 g Zucker**
- **Mark von 1 Vanilleschote**
- **500 g Quark**
- **50 g Weichweizengrieß**

AUSSERDEM
- **Auflaufform (ca. 25×20 cm)**

1 Den Backofen auf 180 °C Ober-/ Unterhitze vorheizen. Apfelscheiben mit dem Saft von ½ Zitrone beträufeln.

2 Den Rühraufsatz einsetzen. Eiweiß mit 30 g Zucker in den geben und ohne Zeiteinstellung **Stufe 4** unter Sichtkontakt steif schlagen. Rühraufsatz entnehmen und den Eischnee umfüllen.

3 Eigelb mit 100 g Zucker, Vanillemark und restlichem Zitronensaft **2 Min. | Stufe 3** schaumig schlagen. Quark und Grieß **10 Sek. | Stufe 4** unterrühren. Eischnee und die Hälfte der Apfelscheiben mithilfe des unterheben.

4 Den Teig in eine Auflaufform geben, mit den restlichen Äpfeln belegen und im heißen Ofen 40–50 Min. backen. Herausnehmen, etwas abkühlen lassen und servieren.

> **TIPP** Als Weihnachtsdessert könnt ihr die Zutaten auch auf 4–6 kleine Gratinschalen aufteilen und so backen, dass zum Dinner jeder ein eigenes kleines Förmchen bekommt. Dann die Backzeit reduzieren und nach 25–30 Min. überprüfen, ob die Masse schon fest und die Oberfläche gebräunt genug ist.

APFEL HELDEN

Welche Sorten zum Backen geeignet sind und wie ihr das Obst zum Kuchenstar macht, zeigen wir euch hier

Apfelmus im Monsieur

Unser Basis-Fruchtmus ist im Monsieur Cuisine superschnell und günstig zubereitet. Es schmeckt zu Waffeln, auf Vanilleeis, als Schicht im Dessert oder auf Milchreis. Mit dem Weihnachtsgewürz-Zucker von Seite 123 könnt ihr es festlich würzen. 750 g Äpfel in Stücken in den ⌴ geben und **5 Sek. | Stufe 6** zerkleinern. Mark von 1 Vanilleschote, 50 g Zucker, 20 g Zitronensaft und 1 TL Zimt hinzufügen, **9 Min. | Stufe 1 | 100 °C** ohne Messbecher kochen. Vanilleschote entfernen und das Mus **20 Sek. | Stufe 8** pürieren. Apfelmus in sterilisierte Gläser füllen, fest verschließen und abkühlen lassen. Kühl aufbewahren.

Welche Sorte kann was?

Äpfel reagieren unterschiedlich beim Kochen und Backen. Einige Sorten bleiben fest und bewahren ihre Form, sodass Stücke, Scheiben und Ringe erhalten bleiben. Sie lassen sich daher gut zu beispielsweise Bratäpfeln verarbeiten. Diese Sorten verwenden wir auch zum Backen unserer Kuchen.

Das sogenannte Kochobst hingegen zerfällt beim Erhitzen, sodass aus solchen Sorten weiches, sämiges Mus wird. Im Apfelkuchen allerdings würden sie den Teig matschig machen.

Muss ich Äpfel schälen?

Das ist Geschmackssache. Für manche Gebäcke sowie feines Apfelmus ist es besser, sie zu schälen, besonders dann, wenn die Apfelstücke beim Backen miteinander verschmelzen sollen. No-Waste-Tipp: Getrocknete Apfelschalen liefern im Winter aufgegossen die Basis für einen wohltuenden Anti-Erkältungs-Tee!

FESTKOCHENDE ÄPFEL FÜR KUCHEN

- ✓ Boskop
- ✓ Cox Orange
- ✓ Granny Smith
- ✓ Jonagold
- ✓ Wellant

WEICHKOCHENDE ÄPFEL FÜR MUS

- ✓ Breaburn
- ✓ Gravensteiner
- ✓ Red Delicious

Fotos: www.stockfood.com/für ZS Verlag/Claudia Zimmermann (1)/Gräfe & Unzer Verlag/Grossmann.Schuerle (1)/Julia Hoersch (1)

Inspiration satt.
Für jeden Tag!

Es wäre doch schade, wenn dein Monsieur nicht alles, was er kann, auch für dich tut. Mit der **ZauberMix App** entdeckst du seine vielen Möglichkeiten und holst alles aus ihm heraus!

Jetzt die ZauberMix App 31 Tage kostenlos testen!

monsieur cuisine

GLEICH KOSTENLOSE APP DOWNLOADEN!

Download on the App Store

GET IT ON Google Play

In der **ZauberMix** App findest du genial einfache Rezepte speziell für dich und deinen Monsieur Cuisine. Entdecke in den vielen spannenden Ratgebern, welche geheimen Möglichkeiten in deinem Küchenhelfer stecken, sodass du seine Funktionen wirklich voll auskostest! So macht das Kochen und Backen noch mehr Spaß, versprochen!

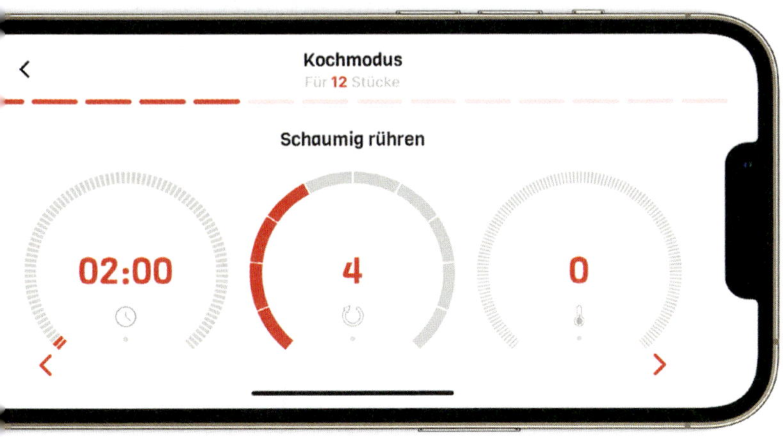

Mit dem praktischen Kochmodus der App gelingt jedes Rezept!

Der Knetmodus
des Monsieur

Wann wird eigentlich die Automatikfunktion eingesetzt, wann braucht man das Mixmesser und wann den Rühraufsatz? Lukas klärt über den Modus und die Zubehöre auf

Euer Teig-Profi

Mit dem Monsieur Cuisine habt ihr euch einen echten Teig-Garanten in die Küche geholt. Mithilfe des Automatikprogramms zum Kneten könnt ihr selbst schwere Teige wie Stollen- und andere Hefeteige im vorbereiten. Der Knetmodus aktiviert das Mixmesser, das sich in der gewählten Zeit vor und zurück bewegt – einige Sekunden im Uhrzeigersinn und einige im Linkslauf. Dabei werden die Zutaten im von oben nach unten gewälzt. Der Modus imitiert dabei das Kneten mit den Händen, hat allerdings viel mehr Kraft. So gelingen im Monsieur besonders feine, homogene Knetteige.

Modell-Unterschiede Die Knetfunktion des Monsieur hat sich mit den Modellen weiterentwickelt. Der Smart hat die höchste Leistung und damit Knet-Ausdauer.

Der **Smart** bietet mehrere Teig-Varianten an. So knetet er bei den Einstellungen „fester Teig" und „weicher Teig" 1000 g Mehl oder 1750 g Teig bis zu 4 Minuten, bei „flüssiger Teig" bis zu 6 Minuten. Nach einem 6-Minuten-Knetvorgang muss das Gerät zur Sicherheit 30 Minuten pausieren.

Der **Connect** knetet feste Teige mit bis zu 500 g Mehl maximal 2 Minuten. Bei flüssigeren Teigen knetet der Modus auch 600 g Mehl.

Der **Plus** knetet beim Aktivieren des maximal 3 Minuten. Anschließend wird empfohlen, den Teig von Hand weiter- bzw. fertigzukneten.

Ihr aktiviert das Automatikprogramm zum Teigkneten beim Smart, indem ihr den Modus über das Symbol anwählt, die gewünschte Zeit einstellt und „Start" klickt.

Fotos: Archiv

Mixmesser gleich Knethaken

Das Mixmesser ist für alle Rühr- und Knetteige zuständig. Es wird – anders als bei den meisten anderen Küchenmaschinen – kein anderer Auf- oder Einsatz benötigt. Hier kommt es gelegentlich zu Verwechslungen in der Annahme, der Rühraufsatz sei ein Knethaken. Das ist nicht der Fall. Was der Rühraufsatz kann, zeigen wir auf den Folgeseiten.

Das Mixmesser rührt und knetet. Zum Rühren wählt ihr **Stufe 4** oder **Stufe 5**, zum Kneten den Teigmodus.

Wie lange wird gerührt oder geknetet?

Für weiche und cremige Rührteige verwendet ihr einfach die manuelle Einstellung und verrührt die Zutaten **30–40 Sek. | Stufe 4** oder **Stufe 5**. Dabei werden die Zutaten vermischt bzw. verrührt. Für Knetteige wie Hefe- und Brotteig stellt ihr das Automatikprogramm Knetmodus ein. Denn diese Teige sollen geknetet werden. Hefeteige werden durch längeres, intensives Kneten besonders elastisch und luftig. In Brotteigen wird durch das Kneten zudem das Gluten aktiviert, das dem Teig Struktur gibt. Rührteige hingegen sollten nur kurz gerührt werden, weil sie sonst zäh werden. Einen Hefeteig mit 500 g Mehl kneten wir üblicherweise **2 Min.** | .

Den Modus smart anwenden

Der Knetmodus des Monsieur Cuisine ermöglicht euch mehrere unterschiedliche Anwendungsbereiche. So könnt ihr mit dem Smart in **6 Min.** | eine besonders seidige Creme für Torten anrühren. Zudem könnt ihr mit dem Knetmodus aller drei Modelle Zutaten verarbeiten, die ihr üblicherweise mit den Händen verkneten würdet: Marzipanfüllungen, Kekskrümelböden oder andere klebrige Zutaten sind so in **2 Min.** | vermengt. Auch Unterheben kann der Teigmodus. Hebt beispielsweise geschlagene Sahne unter Quark oder Schokostücke in einen Rührteig. Aktivert dafür **30 Sek.** | . Dabei wird – anders als beim Rühren – die Zutat nur langsam eingearbeitet und nicht zerkleinert.

Der richtige Dreh

Das Messer hält gern am Teig fest. Um den Teig zu lösen, dreht den über Kopf und bewegt die Schraube des Mixmessers hin und her. Dabei hilft der TeigTwister®, denn damit lässt sich die Schraube viel leichter greifen. Alternativ aktiviert ihr **2 Sek. | Stufe 10**, so werden Teigreste an den Rand des geschleudert. Genügt das noch nicht, löst das Messer, indem ihr den Hebel an der Unterseite umlegt und das Messer in den Teig fallen lasst. Nun könnt ihr Reste vorsichtig lösen. Für Vielbäcker*innen eignet sich der TeigPro. Das Zubehör sorgt dafür, dass kein Teig unter die Klingen gelangt. Mehr Zubehöre auf Seite 92.

Fotos: Archiv

Luftig aufschlagen

Der Rühraufsatz ist das Werkzeug, mit dem ihr Luft in Massen schlagt. Er ist vergleichbar mit einem Schneebesen oder den Quirlen eines Handrührgeräts. Ihr benötigt das Zubehör, wenn ihr Schlagsahne, Eischnee oder Milchschaum steif schlagt. Beim Kochen von milch- oder öl- und butterbasierten Soßen wie Vanillesoße, Aioli oder Mayonnaise kommt es ebenfalls zum Einsatz. Auch beim Aufschlagen von Softeis oder Hummus sowie von Pfannkuchen- oder Biskuitteig ist der Rühraufsatz gefragt. In diesen Fällen wird er allerdings erst dann eingesetzt, wenn die festen Zutaten wie tiefgekühltes Obst oder Kichererbsen bereits zerkleinert sind und sie noch cremig aufgeschlagen werden sollen.

Tipps zum Rühraufsatz

Der Rühraufsatz besteht aus stabilem Kunststoff, ist aber längst nicht so robust wie das Edelstahlmesser. In jedem Fall darf er nur bis zur **Stufe 4** verwendet werden. Darüber hinaus sind die Umdrehungen des Mixmessers, auf dem er sitzt, so stark, dass sich der Aufsatz lösen würde. Dabei können Messer und Rühraufsatz beschädigt und Lebensmittel unbrauchbar werden, wenn sich Kunststoffteile lösen sollten. Denkt also immer daran, wenn ihr den Rühraufsatz verwendet. Achtet beim Einsetzen zudem darauf, ihn hinter der höchsten Klinge einzusetzen. Testet dann, ob er fest sitzt.

Gut zu wissen: Seht euch euren Rühraufsatz genau an. Auf dem Kunststoff ist die **Stufe 4** sogar aufgeprägt, um zu verhindern, dass das Zubehör fehlerhaft angewendet wird.

Heiße Speisen: Bereitet ihr eine Vanillesoße, eine Sauce hollandaise oder Ähnliches zu, wird auch der Kunststoffaufsatz heiß. Schützt beim Entnehmen also eure Hände mit Küchenkrepp oder Topfhandschuh.

Reinigungstrick: Bis zur **Stufe 4** könnt ihr den Aufsatz mit warmem Wasser und Spüli im vorspülen.

Der Teigmodus

Was ihr vielleicht nicht über das Automatikprogramm wusstet

HEISS ODER KALT

Habt ihr vorab im Monsieur etwas erhitzt und er ist noch sehr heiß, lässt sich der Knetmodus zwar aktivieren, für Zutaten und Teig ist das aber nicht ratsam. Wartet ab, bis der Monsieur auf 37 °C abgekühlt ist. So bewahrt ihr Eier, Milchprodukte oder Hefe vor zu großer Hitze. Und auch das Gerät kann nicht so leicht überhitzen.

KEIN ERWÄRMEN ODER RÜHREN

Während der Knetmodus aktiv ist, könnt ihr keine anderen manuellen Einstellungen vornehmen. Beispielsweise ist die Temperatur nicht mehr manuell variierbar. Auch den Linkslauf könnt ihr nicht auswählen, da der Knetmodus automatisch das Vor- und Zurückbewegen des Messers steuert.

ZUR SICHERHEIT

Lasst den Monsieur Cuisine beim Kneten von Teigen nicht aus den Augen, da er sich bewegen könnte. Die Saugnäpfe fixieren das schwere Grundgerät zwar ausreichend auf der Arbeitsfläche, aber sicher ist sicher.

FÜR EUCH ENTDECKT ...

Diese vielen Zubehöre für den Monsieur holen beim Backen noch mehr aus eurem Zaubertopf heraus!

Isy Content-Creatorin

Ich teste jedes Produkt sofort und teile meinen ersten Eindruck auf Instagram unter @monsieur_cuisine_by_zaubermix mit euch – folgt mir, ich freue mich auf euch!

SUPERHELFER

Calotti®

Der Drehkellenspatel passt exakt zwischen die Messerklingen von Trend, Connect und Smart und löst Speisen effektiv aus dem Mixtopf.

19,95 €

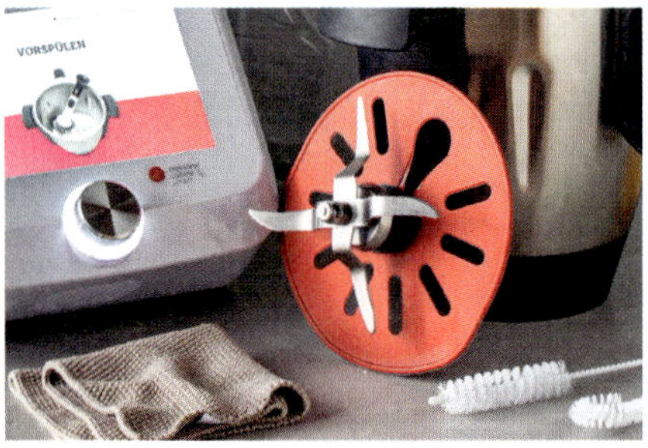

SO SMART!

WunderWash® Disc

Die Spülmaschinen-Halterung hält das Mixmesser in der Mitte und steht platzsparend in der Tellerhalterung des Geschirrspülers.

13,95 €

DIE MACHEN EUER LEBEN LEICHTER

Perfekt zum Dampfgaren

TEIGE LÖSEN

TeigTwister®

Das vielleicht kleinste und wirkungsvollste Zubehör für den Monsieur Cuisine: der Teiglöser! Der Kunststoffgriff passt exakt auf die Rückseite der Messerschraube, die sich mithilfe des TeigTwisters® spielend leicht hin und herdrehen lässt. So lösen sich selbst schwere Teige ganz leicht.

12,95 €

SÜSSE FÖRMCHEN

ZauberCups 8-teiliges Set

Unsere Lieblingförmchen zum Backen sind klein und aus Silikon. Sie eignen sich für Pannacotta aus dem Kühlschrank und Eis am Stiel aus dem Tiefkühler. Als Backförmchen sind sie ideal für kleine Zimtschnecken oder Mini Apfelkuchen. Das Beste: Sie passen auch als Backformen in den Dampfgarer, um Lava Cakes oder kleine Käseküchlein zu garen. In der Weihnachtsbäckerei kommen sie auch zum Verzieren zum Einsatz: Im Dampfgaraufsatz könnt ihr darin gleichzeitig mehrere Sorten Schokolade schmelzen.

19,95 €

Praktisch in allen Größen!

GUT VERSTAUT
Silikonbeutel

So lagert man heute! Ob kleine Zutatenreste von Marzipan oder Kuvertüre, fertige Plätzchen zum Mitnehmen oder Verschenken oder auch ungebackene Kekse für spontane Knusperlust – in den luftdicht verschließbaren Silikonbeuteln lässt sich alles lagern, kühlen oder gefrieren. Wiederverwendbar und spülmaschinenfest.

ab 13,90 €

So geht stilvolles Kochen!

MOBILITÄT
EasySlider®

Das Gleitbrett für den Monsieur Cuisine: Der Slider aus Acrylglas sorgt mit seiner glatten Oberfläche für den perfekten Stand des Monsieur Cuisine, da die Saugnäpfe des Grundgeräts sich optimal daran fixieren lassen. Leicht angehoben, bis der Slider nur noch auf den Teflongleitern steht, gleitet der Monsieur mühelos über die Oberfläche – vor- und rückwärts sowie auch seitwärts. Gehört unbedingt auf den Wunschzettel! Für Trend, Connect und Smart (jeweils eigene Modelle).

39,95 €

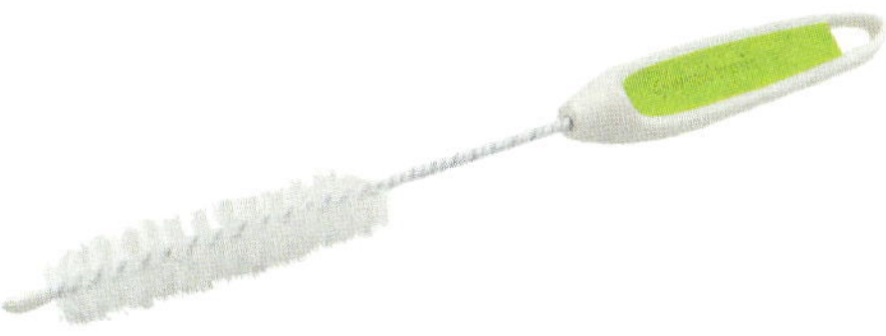

UNVERZICHTBAR
WunderBrush®

Die filigrane Messerbürste gelangt zwischen die Klingen des Mixmessers. Anschließend darf sie einfach mit in den Geschirrspüler!

3,45 €

SCHÖN SERVIERT
Glas-Auflaufformen-Set

Backen, kühlen oder einfrieren: Die superrobusten Glasformen könnt ihr für all eure Weihnachtsleckereien wie Tiramisu, Apfelcrumble oder Gratin, selbst gemachtes Eis und vieles mehr verwenden. Ideal: Ihr könnt von einem Rezept entweder eine große Portion zubereiten oder vier kleine, um sie Gästen zu servieren. Passende Deckel halten die Speisen darin frisch und schützen sie vor Gerüchen anderer Lebensmittel.

41,95 €

Fotos: Archiv

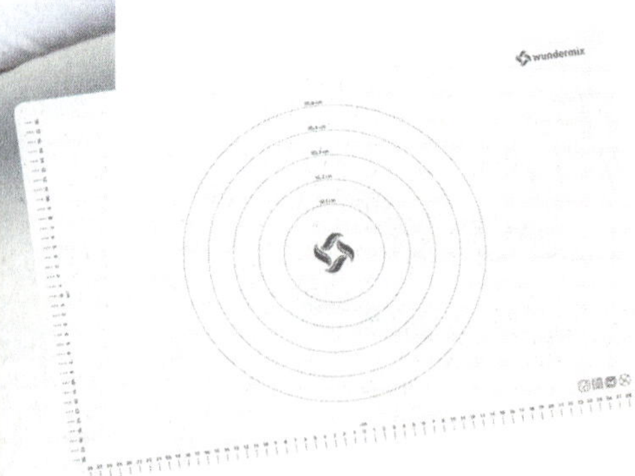

BACKEN
Teigmatte WunderMat®

Holt euch jetzt die Teigunterlage aus hochwertigem Silikon. Damit wird das Formen, Kneten und Ausrollen von Plätzchenteig, Fondant oder Marzipan supereinfach. Auf der Unterlage bleibt dank der genialen Oberflächenstruktur nichts kleben und ihr habt eine saubere Küche!

29,95 €

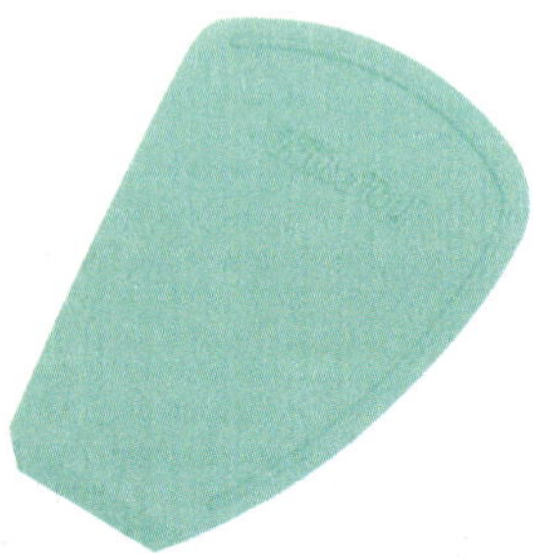

PRÄZISION
ZauberCard

Die handliche Teigkarte zerteilt Teige, streicht Cremes und löst mit der schmalen Seite Teigreste aus dem Mixtopf heraus!

4,35 €

So macht Backen Spaß!

EINE HAND FREI
WunderGrip

Die Modelle Monsieur Cuisine connect und trend haben noch keinen separaten Einhandgriff. Speziell für das Umfüllen von Speisen mit nur einer Hand wurde der WunderGrip® entwickelt. So bleibt eine Hand frei, die einen Spatel führen kann. Der Griff wird nur aufgesteckt, kein Kleben oder Schrauben. Er kann sogar im Geschirrspüler am Topf bleiben!

29,95 €

SMARTER EINSATZ
Miximizer®

Kleine und feste Zutaten wie Zimt und Nelken hält der Mixtopf-Verkleinerer unten beim Messer. So wird alles gleichmäßig pulverisiert.

22,95 €

FRISCH BLEIBEN

WunderCover®

Der smarte Frischhaltedeckel mit Silikonring hält Speisen im Mixtopf extralange frisch. Er passt exakt auf Trend, Connect und Smart. Die Vertiefung an der Oberseite ermöglicht es, Zutaten separat im Deckel abzuwiegen, sogar ohne den Mixtopf zu verwenden.

24,95 €

ASSISTENT

WunderButler®

Klein aber oho! Der praktische Butler hält den Deckel des Monsieur immer parat, so braucht ihr keinen Platz auf der Arbeitsfläche dafür zu finden.

29,95 €

DAS NEUE JAHR KANN KOMMEN

Wandkalender 2024

Verschenkt Freude! In unserem brandneuen Kalender findet ihr jede Woche ein neues Rezept, das garantiert begeistert. Erlebt das Jahr mit eurem Monsieur und blitzschnellen Rezepthits!

16,90 €

Fotos: Archiv

Doppelt schmeckt besser

Wer mit diesen Plätzchen die Keksdosen füllt, sorgt für echte Überraschungen. Sie verführen mit dem Geschmack von Kuchen, Torten und Pralinen

Gefüllte Mohnplätzchen
Rezept siehe Seite 100

Bienenstich-Cookies
Rezept siehe Seite 100

Fotos: Désirée Peikert (1); Sandra Leibinger (1)

„Toffifee"-Plätzchen
Rezept siehe unten

Brownie-Cookies

00 45 std : min

LOW CARB LOW FAT

PRO STÜCK: 136 KCAL | 2 G E | 8 G F | 16 G KH

ZUTATEN FÜR 24 STÜCK

- 200 g Zartbitterschokolade, in Stücken
- 120 g weiche Butter, in Stücken
- 100 g Zucker
- 50 g brauner Zucker
- 1 Prise Salz
- 2 Eier
- 130 g Weizenmehl Type 405
- 1 TL Backpulver
- 30 g Kakaopulver
- grobes Meersalz zum Bestreuen

1 | Backofen auf 180 °C Ober-/Unterhitze vorheizen. 2 Backbleche mit Backpapier belegen.

2 | Schokolade in den geben, **10 Sek. | Stufe 8** zerkleinern und mit dem nach unten schieben. Butter zugeben und **5 Min. | Stufe 2 | 50 °C** schmelzen.

3 | Zucker, braunen Zucker sowie Salz in den geben und **2 Min. | Stufe 3** cremig rühren, dabei die Eier nacheinander durch die Deckelöffnung zufügen. Mehl, Backpulver sowie Kakao zufügen und **20 Sek. | Stufe 4** verrühren.

4 | Mithilfe von 2 Teelöffeln kleine Portionen abnehmen und mit etwas Abstand zueinander auf die Bleche setzen. Nacheinander jeweils 10–12 Min. backen. Herausnehmen und vollständig abkühlen lassen. Mit Meersalz bestreut servieren.

>TIPP Genau wie für Brownies schmelzen wir zunächst Schokolade und Butter. Anschließend wird dieses Basis mit Zucker und Eiern schaumig geschlagen, ehe die trockenen Zutaten kurz untergerührt werden. So entsteht der saftige Brownie-Keksteig, der auch nach dem Backen noch schön soft ist.

„Toffifee"-Plätzchen

00 55 std : min

LOW CARB LOW FAT

PRO STÜCK: 84 KCAL | 1 G E | 4 G F | 11 G KH

ZZGL. 1 STD. RUHEZEIT

ZUTATEN FÜR 60 STÜCK

- 150 g Weizenmehl Type 405
- 100 g Butter, in Stücken
- 250 g Zucker
- 1 Eigelb
- 1 Prise Salz
- 20 g kaltes Wasser
- 500 g „Toffifee" (ca. 60 Stück)
- 4 Eiweiß
- 1 EL Zitronensaft

AUSSERDEM
- Spritzbeutel mit Lochtülle

1 | Mehl, Butter, 50 g Zucker, Eigelb, Salz und Wasser im **20 Sek. | Stufe 4** zu einem Teig verarbeiten. In eine Schüssel geben, abdecken, 1 Std. im Kühlschrank ruhen lassen.

2 | 2 Backbleche mit Backpapier belegen. Aus dem Teig 60 kleine Kugeln formen und auf die Bleche legen. Je 1 „Toffifee" mit der Rundung nach oben auf die Kugel drücken, bis der Teig etwas größer ist als das „Toffifee". gründlich reinigen.

3 | Rühraufsatz einsetzen. Eiweiß und Zitronensaft im **4 Min. | Stufe 4** steif schlagen. Kurz vor Ende der Zeit restlichen Zucker langsam durch die Deckelöffnung rieseln lassen.

4 | Den Backofen auf 170 °C Ober-/Unterhitze vorheizen. Die Baisermasse in einen Spritzbeutel geben und auf jedes „Toffifee" ein Häubchen setzen, sodass es ganz bedeckt ist.

5 | Im heißen Ofen nacheinander jeweils ca. 16 Min. backen. Herausnehmen und abkühlen lassen.

>TIPP Dieses Rezept eignet sich, um überschüssiges Eiweiß zu verarbeiten.

Sündhaft saftig!

EASY

Brownie-Cookies
Rezept siehe linke Seite

Fotos: Sandra Leibinger (1): www.stockfood.com/ The Picture Pantry (1)

Die Prise macht's

MEERSALZ STATT KOCHSALZ

Die Prise Salz wird gern unterschätzt. Ihr solltet sie in eurem Gebäck, wenn angegeben, aber nicht weglassen. Denn Salz hebt den Geschmack der süßen Zutaten besonders hervor und schmeckt in Kleinstmengen im Gebäck verführerisch gut.

Meersalz oder Fleur de Sel haben ein deutlich gröberes Korn und vor allem eine viel feinere Note als Kochsalz. Wir empfehlen es für Gebäck und zum Abschmecken. Salzflocken, zum Beispiel von Nordur, sehen als Deko auf Cookies und Co. zudem besonders schön aus. Über www.laux-deli.de

Gefüllte Mohnplätzchen

00 30 std : min

LOW CARB LOW FAT

PRO STÜCK: 133 KCAL | 2 G E | 7 G F | 16 G KH

ZUTATEN FÜR 24 STÜCK

- **130 g weiche Butter, in Stücken**
- **1 Ei**
- **80 g Puderzucker**
- **1 EL selbst gemachter Vanillezucker**
- **200 g Weizenmehl Type 405**
- **125 g Mohnfix**
- **1 Prise Salz**
- **120 g Johannisbeergelee**
- **100 g weiße Kuvertüre, in Stücken**

AUSSERDEM
- **Spritzbeutel**

1 Den Backofen auf 160 °C Ober-/Unterhitze vorheizen. Ein Backblech mit Backpapier belegen. Butter, Ei, Puderzucker und Vanillezucker in den geben und **2 Min.** | **Stufe 3** cremig rühren.

2 Mehl, Mohnfix sowie Salz zugeben und **20 Sek.** | **Stufe 4** untermengen. Den Teig in einen Spritzbeutel füllen und mit etwas Abstand kleine Tupfen auf das Blech spritzen. Im heißen Ofen ca. 10 Min. backen. Herausnehmen und etwas abkühlen lassen. spülen.

3 Die Hälfte der Plätzchen auf der Unterseite mit Gelee bestreichen, darauf jeweils ein zweites Plätzchen legen und leicht andrücken. Kuvertüre in den geben, **10 Sek.** | **Stufe 8** zerkleinern und mit dem nach unten schieben. Dann **3 Min.** | **Stufe 2** | **50 °C** schmelzen. Die Mohnplätzchen bis zur Hälfte in die Kuvertüre tauchen und auf Backpapier fest werden lassen.

> **TIPP** Wie kleine Schichttörtchen mit Fruchtfüllung kommen diese Doppeldeckerplätzchen daher. Variiert sind sie schnell mit einem gelben Gelee oder auch mit dunkler Schokoladenglasur.

Bienenstich-Cookies

01 00 std : min

LOW CARB LOW FAT

PRO STÜCK: 156 KCAL | 2 G E | 11 G F | 13 G KH

ZZGL. 1 STD. RUHEZEIT

ZUTATEN FÜR 36 STÜCK

FÜR DEN TEIG
- **200 g Butter, in Stücken**
- **100 g Zucker**
- **1 TL selbst gemachter Vanillezucker**
- **300 g Weizenmehl Type 405 zzgl. etwas zum Bearbeiten**
- **1 Prise Salz**
- **1 Ei**

FÜR DIE MANDELMASSE
- **75 g Butter, in Stücken**
- **40 g Zucker**
- **1 TL selbst gemachter Vanillezucker**
- **25 g Sahne**
- **100 g gehobelte Mandeln**

FÜR DIE VANILLECREME
- **300 g Sahne**
- **1 Pck. Paradiescreme (Vanille)**

AUSSERDEM
- **runde, gewellte Plätzchenausstecher**

1 Für den Teig alle Zutaten in den geben und **30 Sek.** | **Stufe 4** verkneten. Zu einem Riegel formen und in Frischhaltefolie gewickelt 1 Std. in den Kühlschrank legen.

2 Backofen auf 180 °C Ober-/Unterhitze vorheizen. Ein Blech mit Backpapier belegen. Teig auf einer leicht bemehlten Arbeitsfläche ca. 3 mm dick ausrollen, Kekse ausstechen, auf das Blech legen.

3 Für die Mandelmasse Butter, Zucker, Vanillezucker und Sahne im **4 Min.** | **Stufe 2** | **100 °C** ohne Messbecher kochen. Mandeln zufügen und **10 Sek.** | | **Stufe 3** vermengen.

4 Die Hälfte der Kekse mit der Mandelmasse bestreichen und alle Kekse im vorgeheizten Backofen 12–14 Min. backen. Dann auf einem Rost abkühlen lassen. Den kalt ausspülen.

5 Für die Vanillecreme den Rühraufsatz einsetzen. Sahne sowie Paradiescremepulver zugeben und ohne Zeiteinstellung **Stufe 4** unter Sichtkontakt aufschlagen. Creme auf die Kekse ohne Mandelmasse spritzen und restliche Kekse andrücken. Bis zum Servieren kalt stellen.

Foto: www.nordurco.com

Festliche Ideen

MIT GLAMOUR

So süß, diese bunten Anhänger! Kleine Monster, Milchshakes oder Nussknacker verleihen doch jedem Geschenk eine besondere Note

Verliebt in Farbe!

Pink, Orange und Rosé erobern den Weihnachtsschmuck. Wir sind hingerissen von den vielen quietschbunten Glasornamenten und können es gar nicht abwarten, sie an unsere Schachteln, Flaschen oder Zweige zu binden. Ihr findet sie alle unter www.butlers.com!

Foto: www.butlers.com

Zero Waste

IN DER BACKSTUBE

Bleiben beim Backen Zutaten übrig, die nicht mehr lange haltbar sind, gibt es smarte Ideen, wie ihr sie im Monsieur köstlich verarbeiten könnt

Was heißt das eigentlich?

Der Trendbegriff „Zero Waste" ist aktuell in aller Munde. Wörtlich übersetzt bedeutet er „Null Abfall". Dieses Ziel hat mich Sicherheit jede*r von uns, wenn es um Lebensmittel geht. So einfach ist diese Herausforderung jedoch gar nicht immer zu meistern. Speziell in der Backstube fallen immer wieder Speisereste an.

Am häufigsten bleiben Eiweiß bzw. Eigelb übrig, die nicht gebraucht werden. An zweiter Stelle stehen Saft oder Schalen von Zitrusfrüchten. In einem Rezept werden Zesten gebraucht, aber kein Fruchtsaft. In einem anderen Rezept ist es andersherum. Diese Zutaten müssen schnell verbraucht werden, weil sie nicht lange halten. Auch Sahne-, Quark-, Joghurt- oder Buttermilchreste solltet ihr rasch verarbeiten. Genauso angebrochene Tüten gemahlener Nüsse und Kerne, da sie schnell ranzig werden.

Selbst bei kleinsten Zutatenresten ist der Monsieur ein zuverlässiger Helfer, um schnell und unkompliziert noch weitere köstliche Kleinigkeiten daraus zu zaubern. Wir haben unsere Lieblingskreationen hier kompakt zusammengetragen, sodass ihr zukünftig weniger oder gar keine Lebensmittelabfälle mehr in der Backstube habt. Probiert es unbedingt aus, es fühlt sich gut an, auch die kleinsten Reste aufzubrauchen!

Zitrusfrucht-Rettung!

Presst den Fruchtsaft aus Zitronen oder Orangen, deren Zesten ihr gebraucht habt, direkt aus und gebt ihn an einen Smoothie oder in eine Portion Joghurt. Noch besser: Verwendet den Saft als Aroma für Waffeln oder für den Zuckerguss, den ihr mit übrigem Eiweiß herstellt!
Habt ihr nur den Saft gebraucht, reibt die Zesten der Schalen fein ab und aromatisiert damit ebenfalls einfache Knet- oder Rührteige, ein Dessert oder ganz schlicht euren Punsch oder Tee. Verwendet dafür nur die Schalen unbehandelter Bio-Früchte.

Sahne, Quark und Co. verarbeiten

Einen kleinen Sahnerest rührt ihr am besten direkt unter Frischkäse, Quark oder Joghurt. Entweder für eine kleine süße Zwischenmahlzeit oder als cremigen Dip. Gebt außerdem Müsli nach Belieben oder – für einen pikanten Snack – ein paar Kräuter oder Gewürze hinzu, schon ist die Portion aufgebraucht. Bei größeren Mengen Joghurt und Quark empfiehlt es sich, einen Milchshake oder ein Milchspeiseeis zuzubereiten. Rührt noch Honig sowie frische oder TK-Früchte unter die Creme und füllt die Masse in Eisbehälter oder Silikonformen, auch gerne in solche mit Holzstielen für Stieleis. Gebt ihr die Creme in Eiswürfelformen, könnt ihr diese später im **10 Sek. | Stufe 8** erneut cremig rühren, genau wie Nicecream!

Nüsse und Kerne

Ein Päckchen Mandelstife oder Kokosraspel ist angebrochen übrig geblieben? Das einfachste ist, sie aufs Müsli oder auf den nächsten Milchreis zu geben und diesem damit einen besonderen Touch zu verleihen. Ihr könnt aber auch in jedem Rezept so viel Mehl weglassen, wie ihr übrige gemahlene Kerne habt und es so in Teilen ersetzen. Ganze Nussstücke hebt ihr am besten gleich unter den nächsten Keks- und Kuchenteig, wenn ihr sie nicht pur nascht!

EIWEISS HOCH 3

1 – FÜRS KNUSPERHÄUSCHEN

Wer ein Lebkuchenhaus backen möchte, braucht stabilen „Kleber". Um den herzustellen, könnt ihr gleich 2 Eiweiß verarbeiten. Setzt den Rühraufsatz in den ⊔ ein und schlagt 2 Eiweiß **5 Min. | Stufe 3 | 70 °C** auf. Nach 1 Min. 400 g Puderzucker langsam durch die Deckelöffnung geben. Rühraufsatz entfernen und Guss in einen Spritzbeutel füllen.

2 – ZARTE MAKRONEN

Außen knusprig, innen schön weich – damit das bei weihnachtlichen Makronen gelingt, braucht ihr neben Zucker, Kokos oder Mandeln hauptsächlich Eiweiß. Mit unserem selbst gemachten Vanillezucker, Kakao oder Marzipan verfeinert, verwandelt der Monsieur die Zutaten in eine homogene Masse, die ihr leicht formen und auf Oblaten setzen könnt. Und dann ab in den Ofen! Unterschiedliche Makronen-Ideen findet ihr unter www.zaubermix.de

3 – GEBÄCK AUS EISCHNEE

Verwendet Eiweiß als Basis für knusprige Gebäcke wie Baisers oder Meringue oder unsere kleinen Weihnachtsbäumchen (siehe rechts). Formt alternativ Ringe, Tupfen oder Taler, ganz nach Belieben.

> **GEFRIER-TIPP** Habt ihr gerade keine Lust, ein weiteres Gebäck zuzubereiten, friert das übrig geblieben Eiweiß – am besten jedes einzeln – ein. Verquirlt es und füllt es beispielsweise portionsweise in Eiswürfelbehälter.

> **EISCHNEE** Gelingt übrigens nur, wenn der ⊔ wirklich fettfrei ist und das Eiweiß kein Eigelb enthält.

Weihnachtsbäumchen aus Baiser

01 50 std : min

LOW CARB LOW FAT

PRO STÜCK:
55 KCAL | 1 G E | 0 G F | 13 G KH
ZZGL. 45 MIN. RUHEZEIT
ZUTATEN FÜR 12 STÜCK

- **3 Eiweiß**
- **150 g Zucker**
- **1 TL Weinsteinbackpulver (alternativ Backpulver)**
- **grüne Lebensmittelfarbe**
- **bunte Zuckerstreusel**

AUSSERDEM
- **Spritzbeutel mit Sterntülle**

1 | Backofen auf 100 °C Umluft vorheizen. Ein Blech mit Backpapier belegen.

2 | Rühraufsatz in den ⊔ einsetzen. Eiweiß zugeben und **4 Min. | Stufe 3 | 37 °C** aufschlagen. Weitere **4 Min. | Stufe 3 | 37 °C** aufschlagen, dabei den Zucker langsam durch die Deckelöffnung einrieseln lassen.

3 | Weinsteinbackpulver und Lebensmittelfarbe nach Bedarf zugeben und **1 Min. | Stufe 4** vermengen.

4 | Eischnee in den Spritzbeutel füllen und Bäumchen auf das Blech spritzen. In den heißen Ofen geben und 90 Min. trocknen lassen.

5 | Die Bäumchen aus dem Ofen nehmen, mit bunten Zuckerstreuseln bestreuen und ca. 15 Min. auf dem Blech abkühlen lassen. Anschließend zum vollständigen Erkalten auf einen Rost legen.

Was tun mit Eigelb?

Ein frisches Eigelb könnt ihr zum Bestreichen von Hefegebäck verwenden, es wird dann schön goldbraun. Eigelb ist auch die Basis für Lemon Curd. Ein gutes Rezept dafür findet ihr auf www.zaubermix.de Oder backt Plätzchen, die nur nach Eigelb verlangen. Unsere Zimt-Traumstücke auf Seite 113 zum Beispiel sind superfix zubereitet.

Fotos: Adobe Stock/Carey (1); Sandra Leibinger (1) | Illustrationen: Freepik.de

Geschenke
IM GLAS

In selbst gemachten Geschenken steckt eine Extraportion Liebe und sie zu überreichen bereitet besonders viel Freude. Mit dem Monsieur gelingt die Zubereitung feiner Liköre und Aufstriche wirklich leicht

Engelchenlikör aus 5 Zutaten

00 20 std : min

LOW CARB · LOW FAT

PRO PORTION (2 CL): 55 KCAL | 1 G E | 4 G F | 4 G KH

ZUTATEN FÜR 4 FLASCHEN Á 300 ML

- 200 g weiße Schokolade, in Stücken
- 1 Ei
- 100 g Zucker
- 400 g Amaretto
- 650 g Sahne

1 Weiße Schokolade in den Mixtopf geben und **12 Sek.** | **Stufe 8** zerkleinern. Mit dem Spatel nach unten schieben und dann **3 Min.** | **Stufe 2** | **60 °C** schmelzen.

2 Ei, Zucker und Amaretto zugeben und **10 Sek.** | **Stufe 4** vermengen. Die Sahne zufügen und **7 Min.** | **Stufe 2** | **80 °C** erhitzen. Anschließend in sterilisierte Flaschen abfüllen.

>**HALTBARKEIT** Der Likör ist gut gekühlt etwa 1 Monat haltbar. Nach dem Öffnen am besten innerhalb von 1 Woche aufbrauchen.

Birnen-Walnuss-Konfitüre

00 25 std : min

LOW CARB · LOW FAT

PRO PORTION (1 EL): 19 KCAL | 1 G E | 0 G F | 4 G KH

ZUTATEN FÜR 8 GLÄSER À 200 ML

- 50 g Walnüsse
- 1000 g Birnen, in Stücken
- 500 g Gelierzucker 2:1
- 1 Vanilleschote, in Stücken
- ½ TL Zimt
- 1 Spritzer Zitronensaft

1 Nüsse in den Mixtopf geben **2 Sek.** | **Stufe 6** zerkleinern. Birnen zugeben und **10 Sek.** | **Stufe 7** zerkleinern.

2 Die restlichen Zutaten zufügen. Den Kocheinsatz auf den Deckel des Mixtopfs setzen und alles **15 Min.** | **Stufe 1** | **100 °C** kochen. Die Konfitüre in sterilisierte Gläser füllen und verschließen.

>**HALTBARKEIT** Dunkel, kühl und gut verschlossen gelagert hält sich die Konfitüre mind. 3 Monate.

Weißes Glühweingelee

00 25 std : min

PRO PORTION (1 EL): 18 KCAL | 0 G E | 0 G F | 3 G KH

ZUTATEN FÜR 8–10 GLÄSER À 200 ML

* **750 g trockener Weißwein**
* **250 g Apfelsaft**
* **500 g Diamant Gelierzucker 2:1 für Küchenmaschinen mit Kochfunktion**
* **2 Zimtstangen**
* **2 Sternanise**
* **10 Pimentkörner**
* **8 Gewürznelken**
* **6 Kardamomkapseln**

1 Wein, Apfelsaft und Gelierzucker in den geben. Die Gewürze in den Kocheinsatz geben und diesen in den einhängen. Die Zutaten **16 Min. | Stufe 1 | 110 °C** köcheln lassen, dabei den tiefen Dampfgaraufsatz als Spritzschutz aufsetzen.

2 Mithilfe des den Kocheinsatz entnehmen, das Gelee sofort heiß durch ein Sieb in sterilisierte Gläser füllen und diese verschließen.

>**HALTBARKEIT** Dunkel, kühl und gut verschlossen gelagert hält sich das Gelee mind. 3 Monate.

10-Minuten-Weihnachtslikör

00 10 std : min

PRO PORTION (2 CL): 53 KCAL | 0 G E | 0 G F | 4 G KH

ZZGL. 8–10 WOCHEN RUHEZEIT

ZUTATEN FÜR 1 FLASCHE À 700 ML

* **300 g gemischtes Trockenobst (z.B. Apfelringe, Aprikosen, Pflaumen)**
* **1 EL Rosinen**
* **4 Gewürznelken**
* **4 schwarze Pfefferkörner**
* **½ Vanilleschote**
* **1 Msp. Kardamom**
* **1 Zimtstange**
* **1 EL Honig**
* **125 g Diamant Brauner Kandis**
* **700 g Weinbrand**

1 Trockenobst in den geben und **5 Sek. | Stufe 8** zerkleinern. Die restlichen Zutaten zugeben und **5 Sek. | Stufe 4** vermengen. In eine Flasche geben und verschließen. Mind. 6–8 Wochen durchziehen lassen, dabei öfter schütteln.

2 Likör durch ein feines Sieb oder einen Kaffeefilter filtern, in eine Karaffe oder Flasche füllen und verschließen. Weitere 2 Wochen reifen lassen.

>**HALTBARKEIT** Einmal geöffnet sollte der Likör innerhalb von 14 Tagen aufgebraucht werden.

SÜSSE Sünde

„Mon Chéri"-Konfitüre
Rezept siehe Seite 108

Fotos: Diamant Zucker (2); Sandra Leibinger (1)

EDLER Tropfen

„Mon Chéri"-Konfitüre

00 35 std : min

PRO PORTION (1 EL): 20 KCAL | 0 G E | 0 G F | 4 G KH

ZUTATEN FÜR 6 GLÄSER À 250 ML

- **1000 g Sauerkirschen (TK), aufgetaut**
- **10 „Mon Chéri"-Pralinen**
- **500 g Gelierzucker 2:1**
- **100 g Amaretto**
- **50 g Nuss-Nougat-Creme**
- **Mark von 1 Vanilleschote**

1 Sauerkirschen und „Mon Chéri" in den Mixtopf geben, **5 Sek. | Stufe 8** zerkleinern.

2 Restliche Zutaten ebenfalls in den Mixtopf geben, den Kocheinsatz als Spritzschutz aufsetzen und alles **25 Min. | Stufe 2 | 100 °C** kochen. In Gläser füllen und verschließen.

>**TIPP** Die Konfitüre schmeckt als Aufstrich zu Croissants und Brötchen oder auch auf dem Christstollen. Aufgewärmt könnt ihr sie als Fruchtsoße zu Eis, Joghurt, Milchreis, Waffeln oder Pfannkuchen servieren. Auch auf Keksen wie Linzer Sternentürmchen sowie Knusperherzen oder Spitzbuben macht sie sich hervorragend.

>**HALTBARKEIT** Ungeöffnet, kühl und dunkel gelagert hält sich die Konfitüre mind. 2 Monate.

Glühweinlikör

00 20 std : min

PRO PORTION (2 CL):

26 KCAL | 0 G E | 0 G F | 4 G KH

ZZGL. 1 WOCHE RUHEZEIT

ZUTATEN FÜR 1 FLASCHE À 700 ML

- **1–2 Gewürznelken**
- **1 Sternanis**
- **2 Kardamomkapseln**
- **3 Pimentkörner**
- **1 Zimtstange**
- **300 g roter Traubensaft**
- **Saft von ½ unbehandelten Orange zzgl. ½ unbehandelte Orange in Scheiben**
- **½ Vanilleschote**
- **100 g Kandis (z. B. Grümmel Kandis von Diamant)**
- **250 g trockener Rotwein**
- **150 g weißer Rum (40 Vol.-%)**
- **1 EL Zitronensaft**

1 Gewürznelken, Sternanis, Kardamom und Piment in den Mixtopf geben, **3 Sek. | Stufe 8** zerkleinern. Die Zimtstange zugeben und alles **3 Min. | Stufe 1 | 120 °C** erhitzen.

2 Traubensaft, Orangenscheiben, Vanilleschote sowie -mark und Kandis zugeben. Mischung ohne Messbecher **12 Min. | Stufe 1 | 100 °C** erhitzen, den Kocheinsatz als Spritzschutz aufsetzen. Kurz abkühlen lassen.

3 Rotwein, Rum, Orangensaft und Zitronensaft in den Mixtopf geben und **10 Sek. | Stufe 4** unterrühren. Likör in ein großes, verschließbares Gefäß füllen und etwa 1 Woche ziehen lassen. Dann durch ein Sieb gießen, in eine Flasche füllen und verschließen.

>**HALTBARKEIT** Dunkel und kühl gelagert ca. 2 Monate haltbar.

Foto: Diamant Zucker (1)

Die digitale Abo-Flatrate von Mac Life
Mac Life+
Das Geschenk für Apple-Fans!
Exklusiv:
50 % Rabatt auf das Jahresabo
XMAS50
Alle Ausgaben:
Das gesamte Archiv digital auf iPhone, iPad und Mac genießen!
Exklusive Artikel:
Tests und Hintergrundberichte vorab und ohne Werbung lesen!
Satte Rabatte:
Mac, iPhone und iPad sowie Zubehör bis zu 15 % günstiger kaufen!
Jetzt einen Monat ganz ohne Risiko ausprobieren: www.maclife.de/plus
Hintergrundfoto: MiaStendal / Adobe Stock

ZIMTZAUBER

Drei Knusperplätzchenrezepte mit dem Weihnachtsgewürz Nummer eins

Rezepte: Lukas Lotzing

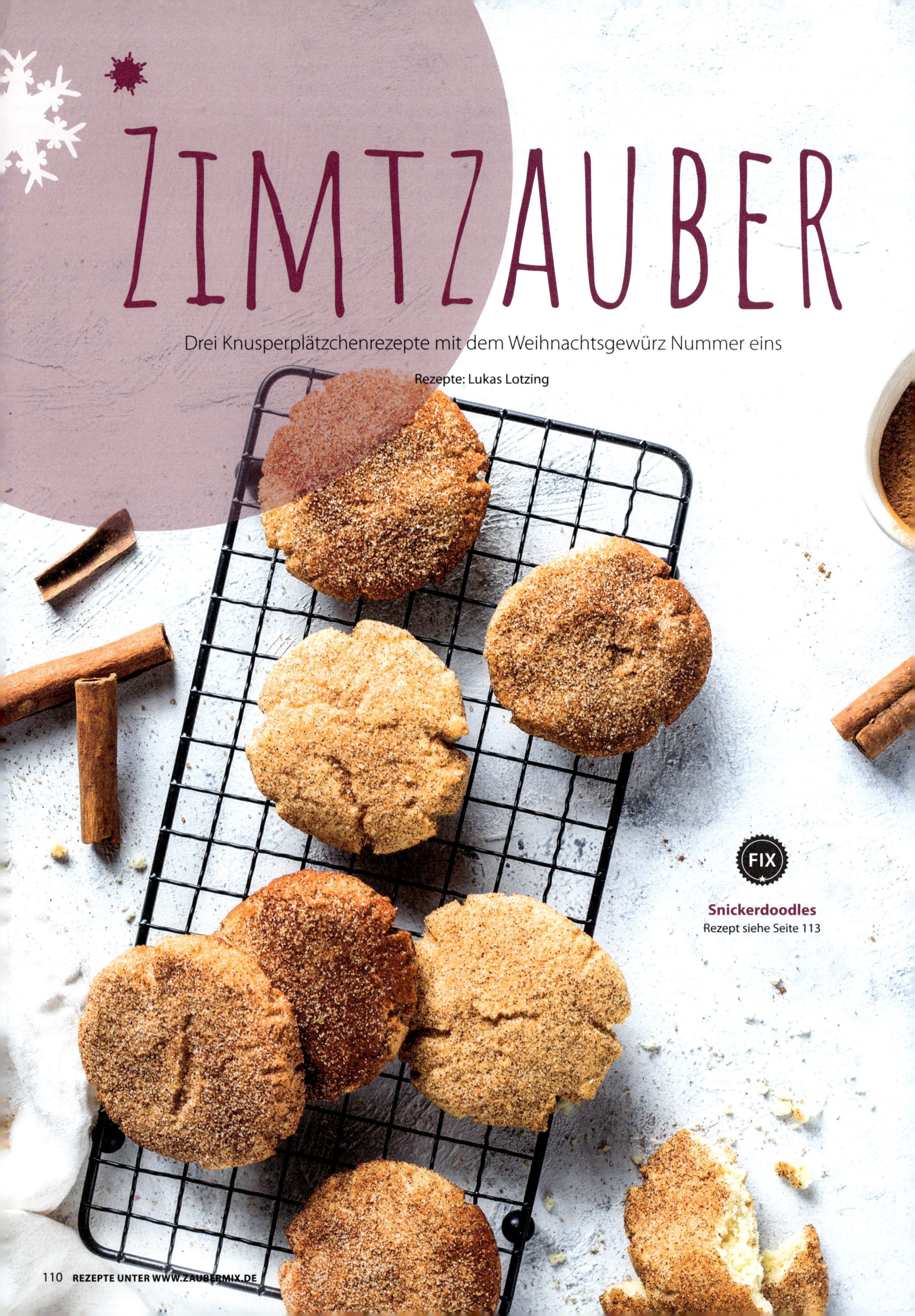

FIX

Snickerdoodles

Rezept siehe Seite 113

OHNE FORMEN

Die Traumstücke schmecken fast wie Vanillekipferl, sind aber viel einfacher gemacht. Anstatt einzelne Plätzchen zu formen, werden sie nur von Teigsträngen geschnitten. Ruckzuck ist ein Blech befüllt!

EASY

Zimt-Traumstücke

Rezept siehe Seite 113

Fotos: Anna Gieseler (2); Illustrationen Archiv (1)

EISCHNEE HOCH 2

Frischer Eischnee ist die Basis für den Nussteig und für die Baiserhaube. Er gelingt luftig und glänzend durch die Prise Salz und das langsame Zugeben des Puderzuckers.

Svenja Redakteurin

Für Zimt-Fans sind diese Varianten ein Muss zur Weihnachtszeit. Mein Tipp: Zimtsterne und Traumstücke eignen sich für die Keksdose, Snickerdoodles am besten frisch und sofort genießen!

Zimtsterne mit 5 Zutaten

01:10 std : min

LOW CARB · LOW FAT

PRO STÜCK: 50 KCAL | 1 G E | 3 G F | 4 G KH

ZZGL. 30 MIN. RUHEZEIT

ZUTATEN FÜR 60 STÜCK

- **250 g Zucker zzgl. etwas mehr zum Bearbeiten**
- **400 g Mandeln**
- **3 Eiweiß**
- **1 Prise Salz**
- **2½ TL Zimt**

AUSSERDEM
- **sternförmige Plätzchenausstecher**

1 | Zucker in den ⊑ geben, **40 Sek. | Stufe 10** pulverisieren und umfüllen. 200 g Mandeln in den ⊑ geben, **20 Sek. | Stufe 10** mahlen und umfüllen. Mit den restlichen 200 g Mandeln ebenso verfahren. Anschließend den ⊑ sehr gut reinigen.

2 | Den Rühraufsatz einsetzen. Eiweiß und Salz in den fettfreien ⊑ geben und **5 Min. | Stufe 4** zu Eischnee schlagen. Während der letzten Minuten den Puderzucker nach und nach durch die Deckelöffnung hinzugeben.

3 | Rühraufsatz entfernen. Etwa 6 EL vom Eischnee abnehmen und abgedeckt in den Kühlschrank stellen. Gemahlene Mandeln und Zimt zum restlichen Eischnee in den ⊑ geben und **10 Sek. | Stufe 5** verrühren. Den Teig zu einem Riegel formen und 30 Min. kalt stellen.

4 | 2 Backbleche mit Backpapier belegen. Teig auf einer mit Puderzucker bestäubten Arbeitsfläche etwa 1 cm dünn ausrollen. Mit einem Sternausstecher Plätzchen ausstechen. Die Teigreste immer wieder verkneten, ausrollen und weitere Plätzchen ausstechen, bis der Teig aufgebraucht ist. Dabei den Ausstecher zwischendurch immer in etwas Wasser tauchen, damit der Teig nicht daran kleben bleibt. Die Sterne auf die Backbleche legen.

5 | Ofen auf 140 °C Ober-/Unterhitze vorheizen. Übrigen Eischnee aus dem Kühlschrank nehmen und gleichmäßig auf die Sterne streichen. Zimtsterne nacheinander jeweils ca. 20 Min. backen. Auf einem Kuchengitter vollständig auskühlen lassen. Kühl und trocken lagern.

Snickerdoodles

00:30 std : min

LOW CARB · LOW FAT

PRO STÜCK: 117 KCAL | 1 G E | 6 G F | 14 G KH

ZUTATEN FÜR 35 STÜCK

- **250 g weiche Butter, in Stücken**
- **270 g Zucker zzgl. 2 EL**
- **2 Eier**
- **285 g Weizenmehl Type 405**
- **2 TL Backpulver**
- **½ TL Salz**
- **1 TL Zimt**

1 | Den Backofen auf 180 °C Umluft vorheizen. 2 Backbleche mit Backpapier belegen. Butter mit Zucker in den ⊑ geben und **2 Min. | Stufe 4** cremig schlagen. Eier dabei nacheinander durch die Deckelöffnung geben.

2 | Mehl, Backpulver und Salz zugeben und **20 Sek. | Stufe 4** zu einem Teig kneten. Aus dem Teig 35 kleine Kugeln formen. Zimt und 2 EL Zucker mischen und die Kugeln darin wälzen. Dann mit 6 cm Abstand auf die Bleche setzen und im heißen Ofen 10–12 Min. backen. Herausnehmen und auf einem Kuchengitter auskühlen lassen.

Zimt-Traumstücke

00:40 std : min

LOW CARB · LOW FAT

PRO STÜCK: 57 KCAL | 1 G E | 3 G F | 7 G KH

ZUTATEN FÜR 90 STÜCK

- **250 g Zucker**
- **500 g Weizenmehl Type 405 zzgl. etwas mehr zum Bearbeiten**
- **250 g weiche Butter, in Stücken**
- **5 Eigelb**
- **2 TL selbst gemachter Vanillezucker**
- **2 TL Zimt zzgl. 1 TL zum Bestäuben**

1 | Den Backofen auf 180 °C Ober-/Unterhitze vorheizen. 2 Backbleche mit Backpapier belegen. 100 g Zucker in den ⊑ geben, **20 Sek. | Stufe 10** pulverisieren und umfüllen.

2 | Die restlichen Zutaten in den ⊑ geben, **2 Min. |** Teigknet-Modus verkneten. Ggf. den Spatel dabei zu Hilfe nehmen. Den Teig auf eine Arbeitsfläche geben und zu einem glatten Teig verkneten.

3 | Stückweise fingerdicke Stränge aus dem Teig formen und in ca. 1 cm breite Stücke schneiden. Auf die Backbleche legen und nacheinander ca. 15 Min. im vorgeheizten Backofen goldgelb backen. Puderzucker mit 1 TL Zimt mischen und die Traumstücke damit bestäuben.

Foto: Sandra Leibinger (1); Kathrin Knoll (1); Illustrationen: Archiv (1)

BLITZ IDEEN

Dank eurem Monsieur könnt ihr auch in letzter Minute noch leckere Geschenke zaubern

Rezepte, Fotos & Styling: Sandra Leibinger

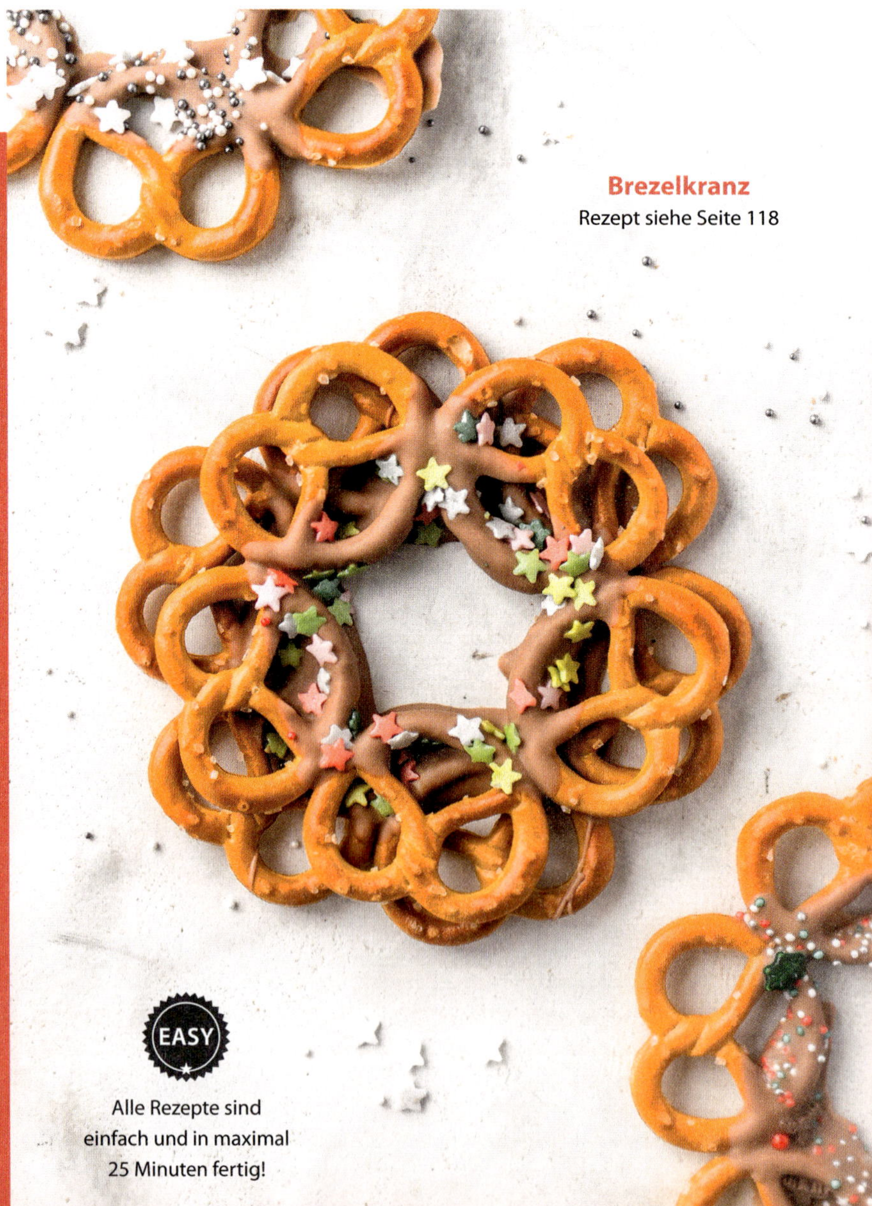

Brezelkranz
Rezept siehe Seite 118

Alle Rezepte sind einfach und in maximal 25 Minuten fertig!

Diesen ***Trend-Snack*** *könnt ihr mit Knusperzutaten, die ihr liebt, variieren.*

Christmas Crunch
Rezept siehe Seite 118

Die Bruchschokolade ist ***ein Kunstwerk****, das ihr jedes Mal anders gestalten könnt!*

Weihnachtliche Bruchschokolade

Rezept siehe Seite 118

„Kinderschokolade"-Pralinen

Rezept siehe Seite 119

Brezelkranz

00 20 std : min

PRO STÜCK: 258 KCAL | 4 G E | 14 G F | 30 G KH

ZUTATEN FÜR 6 STÜCK

- ★ 200 g Vollmilchschokolade, in Stücken
- ★ 150 g Mini-Salzbrezeln
- ★ Zuckerstreusel nach Belieben

1 | 2 Backbleche mit Backpapier belegen. Schokolade in den geben, **10 Sek. | Stufe 8** zerkleinern und mit dem nach unten schieben. Dann **5 Min. | Stufe 2 | 50 °C** schmelzen und in eine Schüssel umfüllen.

2 | Je 5–6 Brezeln mit der Unterseite in die Schokolade tauchen und kreisförmig nebeneinander auf das Blech legen, sodass sie sich berühren.

3 | Nach Belieben mit Zuckerstreuseln dekorieren und im Kühlschrank vollständig aushärten lassen.

>**HALTBARKEIT** Luftdicht verschlossen halten die Kränze ca. 1 Woche.

Christmas Crunch

00 20 std : min

PRO PORTION (30 G): 140 KCAL | 3 G E | 7 G F | 16 G KH

ZUTATEN FÜR 700 G

- ★ 150 g weiße Kuvertüre, in Stücken
- ★ 200 g „M&M's"
- ★ 100 g Cashewkerne
- ★ 70 g Mini-Salzbrezeln
- ★ 30 g gefriergetrocknete Erdbeeren
- ★ 100 g „Cini Minis"
- ★ 100 g Popcorn
- ★ Zuckerstreusel nach Belieben

1 | Kuvertüre in in den geben und **10 Sek. | Stufe 8** zerkleinern. Mit dem nach unten schieben und **5 Min. | Stufe 2 | 50 °C** schmelzen.

2 | „M&M's", Cashews, Salzbrezeln, gefriergetrocknete Erdbeeren, „Cini Minis" und Popcorn in eine Schüssel geben und gut durchmischen. Evtl. die Brezeln etwas zerkleinern.

3 | Geschmolzene Kuvertüre über die Mischung geben und gut durchrühren. Auf ein mit Backpapier belegtes Blech geben, nach Belieben mit Zuckerstreuseln bestreuen und aushärten lassen. In Stücke brechen und genießen.

>**TIPP** Die ausgehärtete Mischung könnt ihr so naschen oder **4 Sek. | Stufe 6** im zerkleinern und als Topping für Kuchen oder Cupcakes verwenden. In einem hübschen Glas verpackt eignet sich der Crunch zudem perfekt als Geschenk.

>**HALTBARKEIT** Luftdicht verschlossen kann der Christmas Crunch bis zu 2 Wochen aufbewahrt werden.

Weihnachtliche Bruchschokolade

00 20 std : min

PRO PORTION (30 G): 154 KCAL | 2 G E | 9 G F | 18 G KH

ZUTATEN FÜR 1 BLECH

- ★ 300 g weiße Schokolade, in Stücken
- ★ 300 g Vollmilchschokolade, in Stücken
- ★ Süßigkeiten nach Belieben

1 | Ein Backblech mit Backpapier belegen. Weiße Schokolade in den geben, **10 Sek. | Stufe 8** zerkleinern und mit dem nach unten schieben. Anschließend **5 Min. | Stufe 2 | 50 °C** schmelzen und auf das Blech gießen.

2 | Vollmilchschokolade in den geben und ebenfalls **10 Sek. | Stufe 8** zerkleinern. Mit dem nach unten schieben und **5 Min. | Stufe 2 | 50 °C** schmelzen.

3 | Ebenfalls auf das Backblech gießen und mit einem Stäbchen so durch beide Schokoladensorten ziehen, dass ein Swirl-Muster entsteht. Nach Belieben mit Süßigkeiten garnieren. Aushärten lassen und anschließend in Stücke brechen.

>**HALTBARKEIT** Luftdicht verschlossen und gekühlt hält sich die Bruchschokolade bis zu 4 Wochen.

***Das Salz** auf den Brezeln harmoniert wunderbar mit der süßen Schokolade.*

„Kinderschokolade"-Pralinen

00 20
std : min

LOW CARB · LOW FAT

PRO STÜCK: 92 KCAL | 1 G E | 6 G F | 8 G KH

ZUTATEN FÜR 20 STÜCK

- 60 g Haselnüsse
- 200 g „Kinderschokolade" (16 Riegel), in Stücken
- 20 g Getränke-Kakaopulver
- 40 g Sahne

1 | Haselnüsse in den [Mixtopf] geben und **3 Sek. | Stufe 6** grob zerkleinern. In eine Schüssel umfüllen.

2 | Die Schokolade in den [Mixtopf] geben und **5 Sek. | Stufe 6** zerkleinern. Anschließend in eine Schüssel umfüllen.

3 | Kakao mit Sahne in den [Mixtopf] geben und **1 Min. | Stufe 2** vermengen. Die zerkleinerte Kinderschokolade zufügen und **30 Sek. | Stufe 2** unterrühren.

4 | Aus der Masse ca. 20 kleine Kugeln formen und in der Schüssel mit den gehackten Haselnüssen wälzen. Die fertigen Pralinen im Kühlschrank lagern.

> **HALTBARKEIT** Die Pralinen am besten innerhalb von 1 Woche verbrauchen.

*Die **Schokopralinen** könnt ihr auch in Mandeln oder Walnüssen wälzen.*

„Raffaello"-Mandeln

00 25
std : min

LOW CARB · LOW FAT

PRO PORTION (30 G): 160 KCAL | 4 G E | 11 G F | 12 G KH

ZUTATEN FÜR 450 G

- 200 g Mandeln
- 80 g brauner Zucker
- 1 EL selbst gemachter Vanillezucker
- 1 EL Butter
- 1 EL Wasser
- 100 g weiße Schokolade, in Stücken
- 50 g Kokosraspel
- 20 g Puderzucker

1 | Mandeln, Zucker, Vanillezucker sowie Butter in den [Mixtopf] geben und **6 Min. |** [Varoma] ohne Messbecher erhitzen. Das Wasser zugeben und weitere **8 Min. |** [Varoma] erhitzen.

2 | Den Ofen auf 160 °C Umluft vorheizen. Ein Blech mit Backpapier belegen. Die Mandeln auf dem vorbereiteten Backblech verteilen und etwa 12 Min. im Ofen backen. Den [Mixtopf] spülen und abtrocknen.

3 | Die weiße Schokolade im [Mixtopf] **10 Sek. | Stufe 8** zerkleinern und mit dem [Spatel] nach unten schieben. Dann **5 Min. | Stufe 2 | 50 °C** schmelzen. Die gebrannten Mandeln zugeben und **30 Sek. | [Linkslauf] | Stufe 2** unterrühren.

4 | Kokosraspel und Puderzucker in einer Schüssel mit Deckel mischen und die Schokomandeln zugeben. Mit dem Deckel verschließen und gut schütteln, bis die Mandeln mit Kokosraspeln umhüllt sind. Die Mandeln zurück auf das Backblech geben, gleichmäßig verteilen und abkühlen lassen.

> **HALTBARKEIT** Luftdicht verschlossen bleiben die Mandeln bis zu 2 Wochen frisch.

> **VARIATION** Wer mag, kann die Kusper-Mandeln mit weiteren Gewürzen verfeinern – ½ TL Zimt oder Kardamom passen gut dazu. Wenn ihr lösliches Cappuccino-Pulver anstatt Kokosraspel verwendet, erhaltet ihr leckere Cappuccino-Mandeln!

Sweet Basics

ZUCKRIG RIESELT'S

Ein Hauch von Zimt, etwas Vanille und eine Prise Kardamom – schon verwandelt sich Kristallzucker in ein selbst gemachtes Weihnachtsgewürz. Hier findet ihr unsere Lieblings-Gewürzzucker für Getränke, Plätzchen und mehr

Zimtzucker
Rezept siehe Seite 123

GESCHENK IDEE

Alle Gewürzzucker eignen sich perfekt, um sie an eure Liebsten zu verschenken

VERSTRÖMT FESTLICHEN DUFT

Eine Messerspitze im Kaffee, ein Löffelchen auf dem Milchreis, mehrere Esslöffel im Waffel- oder Kuchenteig – der gewürzte Weihnachtszucker verleiht allen Leckereien, die sonst auch mit Zucker verfeinert werden, eine besondere Note.

Weihnachtsgewürz-Zucker

Rezept siehe Seite 123

Fotos: Sandra Leibinger (1); Julia Eickmeyer (1)

PULVERSCHNEE IM EINMACHGLAS

Basic Lover

PERFEKT TROCKEN

Zum Pulverisieren oder Mahlen von Zucker und Mehl ist es ganz wichtig, dass der [Mixtopf] absolut trocken ist. Einfach ein Geschirrhandtuch in den [Mixtopf] legen und **30 Sek.** | ⟲ | **Stufe 2** trocknen. Auf ⟲ achten, damit das Tuch unversehrt bleibt.

Basis REZEPT

Vanillezucker

00 05 std : min

LOW CARB · LOW FAT

PRO PORTION (1 TL):
20 KCAL | 0 G E | 0 G F | 5 G KH
ZUTATEN FÜR 1 GLAS À 200 ML

- ★ **200 g Zucker**
- ★ **1 Vanilleschote**

Zucker und Vanilleschote in den geben und **45 Sek. | Stufe 10** zerkleinern. In ein Schraubglas füllen.

>PULVERISIEREN Um Zucker im Monsieur Cuisine zu zerkleinern, solltet ihr stets nur 200 g auf einmal pulverisieren. Denn nur so erhaltet ihr ein gleichmäßiges Ergebnis. Braucht ihr mehr, verarbeitet den Zucker portionsweise. Wichtig: Der muss absolut trocken sein, sodass das Pulver beim Mahlen nicht feucht wird und später klumpt.

Basis REZEPT

Zimtzucker

00 05 std : min

LOW CARB · LOW FAT

PRO PORTION (1 TL):
20 KCAL | 0 G E | 0 G F | 5 G KH
ZUTATEN FÜR 1 GLAS À 250 ML

- ★ **5 Zimtstangen**
- ★ **200 g Zucker**

Zimtstangen in den geben und **2 Min. | Stufe 10** fein mahlen. Den Zucker zugeben und alles **20 Sek. | Stufe 5** verrühren. Zimtzucker in ein sauberes Glas umfüllen und verschließen.

>ZIMT Im Handel findet ihr die Zimtsorten Ceylon und Cassia. Verwendet am besten Ceylon-Zimtstangen, diese gelten als gesünder, weil sie weniger Cumarin enthalten. Sie sind zudem qualitativ hochwertiger sowie feiner im Geschmack.

Weihnachtsgewürz-Zucker

00 05 std : min

LOW CARB · LOW FAT

PRO PORTION (1 TL):
20 KCAL | 0 G E | 0 G F | 5 G KH
ZUTATEN FÜR 1 GLAS À 250 ML

- ★ **250 g brauner Zucker**
- ★ **2 Zimtstangen**
- ★ **2 TL Kardamomsaat**
- ★ **1 TL Ingwerpulver**
- ★ **3 Prisen frisch geriebene Muskatnuss**

Alle Zutaten in den geben und **45 Sek. | Stufe 10** pulverisieren. In ein Schraubglas umfüllen.

>HALTBARKEIT In ein Schraubglas gefüllt hält der Zucker bis zu 3 Monate.

Fotos: Désirée Peikert (1); Archiv (1)

DEKORIEREN & VERPACKEN

Neue Ideen

Klassiker wie Hyazinthen sowie Kiefern- und Tannengrün zeigt euch Chefredakteurin Vivien frisch und modern kombiniert mit zarten Rosétönen, Glas, Kerzen oder Lichterketten

BLÜTEN, WEISS WIE SCHNEE

Hyazinthen werden schon seit langer Zeit in der Vorweihnachtszeit auf die Fensterbank gestellt, um etwas Grün ins Wintergrau zu bringen. Wer die vorgezogene Pflanzen rechtzeitig in Wasser setzt, hat zu Heiligabend eine üppige Blüte. Verwendet Hyazinthen-Vasen, in denen die Zwiebel oben im Kelch steht und die Wurzeln sich langsam im hohen Wasserglas ausbilden. Alternativ ein großes Weckglas, eine Vase oder Metalldose nehmen. Gebt etwas Pflanzerde und Moos auf den Boden und setzt die Zwiebel darauf.

Barbarazweige sorgen für Blüten an den Festtagen. Stellt dafür Zweige von Obstbäumen am 4. Dezember in die Vase. Sie schmücken Wohnung und Tafel.

WALD IM GLAS

Solche großen weithalsigen Glasgefäße bekommt ihr im Pflanzenfachhandel oder im gut sortierten Baumarkt oft günstig. Sie sind zum Dekorieren besonders praktisch. Im Winter befülle ich sie gern mit Moos und Zweigen aus dem Garten: Ein trockener Ast mit Flechten kann eine bizarre magische Wirkung haben, der ein oder andere Zapfen wirkt, als sei er soeben ins Moos gefallen. Aber auch eine schlichte Befüllung mit Tannengrün sieht spektakulär aus und duftet herrlich!

Modernes Adventskranzdekor

Verwendet für diese moderne Interpretation eines Adventskranzes zum Aufhängen einen fertig gebundenen Kranz vom Floristen oder stellt selbst einen her. Mir gefallen die langen Nadeln der Kiefer, denn sie sehen elegant aus und sind besonders weich. Es braucht nicht viel Dekor, vielmehr ist die Auswahl von wenigen, aber den richtigen Elementen wichtig. Ich entscheide mich für kleine Kiefernzapfen – die geschlossenen haben eine besondere Optik. Sie lassen sich mit feinem Basteldraht oder etwas Heißkleber im Grün fixieren. Einen Teil des Rings lasst ihr beim Selbstbinden am besten frei. Hier binde ich breites, hellrosafarbenes Samtband zu einer Doppelschleife, die üppig und lang fällt.

Schon wenige Elemente kombiniert sorgen für große Wirkung. Ich mag weiße Kerzen mit Schmuck wie Bauernsilber, Glöckchen oder Zapfen und Eicheln. In kleinen und großen Vasen stehen kurze und lange Tannenzweige. Kühle Farbtöne machen's besonders winterlich.

GLANZPUNKTE FÜR DIE MAGIE

Eine filigrane Lichterkette, locker um den Kranz gewunden, sorgt für den letzten Schliff. Der Akku ist hinter der Aufhängung gut versteckt. Soll der Kranz draußen hängen, wählt eine Lichterkette, die dafür geeignet ist. Wer mag, ergänzt noch kleine roséfarbene Baumkugeln.

GRÜNES DEKOR

Kleine Reste vom Kranzbinden könnt ihr als Natur-Deko für eure Weihnachtsgeschenke verwenden. Mit Juteband fixiert sieht das besonders schön natürlich aus. Eine Zuckerstange bringt zusätzlich einen Farbtupfer.

Glitzernde Eiswürfel

Ihr habt hübsche Eiswürfelbehälter oder Pralinenformen aus Silikon? Füllt sie mit Wasser und friert die Eispralinen ein. Die Würfel gebt ihr anschließend in eine frostbeständige Schale. Setzt kleine Teelichter dazwischen, die das Eis zum Glitzern bringen. Denkt aber auch bei einer Outdoor-Dekor-Idee immer daran, Feuer nicht völlig unbeaufsichtigt zu lassen.

Fotos: AdobeStock/Kati Finell (1), Maria Korneeva (3), photopixel (1), Oksana Schmidt (2), aprilante (1); depositphotos/flowertiare (1)

Zauberhafte ADVENTSZEIT

Diese festlichen Torten für die Adventssonntage oder den Heiligabend gelingen euch dank Monsieur Cuisine wie vom Konditor

Rezepte: Lukas Lotzing

1. Advent

Panettone mit Sahne

01 30 std : min

PRO STÜCK: 644 KCAL | 12 G E | 41 G F | 58 G KH

ZZGL. 3 STD. RUHEZEIT

ZUTATEN FÜR 12 STÜCKE

FÜR DEN TEIG
- **1 Pck. Trockenhefe**
- **75 g Milch**
- **125 g Zucker zzgl. etwas zum Bestreuen**
- **375 g Weizenmehl Type 405**
- **Mark von 1 Vanilleschote**
- **180 g weiche Butter, in Stücken, zzgl. etwas zum Fetten**
- **4 Eier**
- **100 g Rosinen**
- **20 g Rum**

FÜR DIE FÜLLUNG
- **500 g Sahne**
- **2 Pck. Sahnesteif**
- **400 g Frischkäse**
- **100 g Puderzucker**
- **100 g Marzipanrohmasse**
- **5 Zweige Rosmarin**

AUSSERDEM
- **Panettoneform oder hohe Springform (Ø ca. 20 cm)**

1 | Die Form mit Butter einfetten. Für den Teig Hefe, Milch und Zucker in den geben und **2 Min. | Stufe 2 | 37 °C** erwärmen. Mehl mit Vanillemark zugeben und **30 Sek. | Stufe 4** vermischen.

2 | Butter, Eier, Rosinen und Rum zugeben und **2 Min. |** kneten. Den Teig in die Form geben und abgedeckt etwa 1 Std. gehen lassen.

3 | Den Backofen auf 160 °C Ober-/Unterhitze vorheizen. Panettone im heißen Ofen 35–40 Min. backen. Herausnehmen und abkühlen lassen.

4 | Für die Füllung den Rühraufsatz einsetzen. Sahne und Sahnesteif in den geben und ohne Zeiteinstellung **Stufe 4** unter Sichtkontakt steif schlagen. Den Rühraufsatz entnehmen und die Sahne umfüllen. Frischkäse sowie Puderzucker in den geben und **1 Min. | Stufe 4** glatt rühren. Die Sahne mithilfe des unterheben.

5 | Den Boden aus der Form lösen und waagerecht zweimal teilen. Den untersten Boden auf eine Tortenplatte setzen. $^1/_3$ Creme darauf verteilen. Den nächsten Boden daraufsetzen und ebenfalls mit $^1/_3$ der Creme bestreichen. Den letzten Boden aufsetzen und die Torte rundherum mit der restlichen Creme bestreichen. Etwa 2 Std. kalt stellen.

6 | Aus dem Marzipan 4 Zapfen formen und mit einer Schere kleine Schuppen einschneiden. Rosmarin mit etwas Wasser befeuchten und mit Zucker bestreuen. Panettone mit Zapfen und Rosmarin garniert servieren.

>**TIPP** Um Zeit und Zutaten zu sparen, könnt ihr auch einen fertigen Panettone kaufen und nur die Füllung sowie die Deko selbst herstellen.

So würzig

Den Hefeteig würzen wir mit Vanille, Rosinen und Rum, die den Tortenböden reichlich Aroma verleihen. Die 4 Eier im Teig sorgen für die nötige Luftigkeit des Panettone. Mit dem Teigmodus ist er rasch und gelingsicher geknetet.

Fotos: www.stockfood.com/ Stile Italia Edizioni (1); Archiv (1)

2. Advent

Torte mit feiner Schokoladenborke

01 | 30 std : min

PRO STÜCK: 842 KCAL | 13 G E | 60 G F | 67 G KH

ZZGL. 2 STD. RUHEZEIT

ZUTATEN FÜR 12 STÜCKE

FÜR DEN TEIG
- **100 g Mandeln**
- **400 g Zartbitterkuvertüre, in Stücken**
- **250 g Butter, in Stücken, zzgl. etwas zum Fetten**
- **150 g Zucker**
- **4 Eier**
- **50 g Milch**
- **250 g Weizenmehl Type 405**
- **1 Pck. Backpulver**
- **40 g Kakaopulver**

FÜR DIE CREME
- **350 g Sahne**
- **1 Pck. Sahnesteif**
- **150 g weiße Schokolade, in Stücken**
- **350 g Mascarpone**
- **75 g Puderzucker zzgl. etwas zum Bestreuen**
- **Mark von 2 Vanilleschoten**
- **Baiser-Pilze zum Garnieren (siehe Tipp)**

AUSSERDEM
- **Springform (Ø 24 cm)**

1 Backofen auf 180 °C Ober-/Unterhitze vorheizen. Springform mit Butter einfetten. Mandeln in den Mixtopf geben, **10 Sek. | Stufe 10** mahlen und umfüllen.

2 300 g Kuvertüre in den Mixtopf geben, **20 Sek. | Stufe 8** zerkleinern und mit dem Spatel nach unten schieben. Anschließend **5 Min. | Stufe 2 | 50 °C** schmelzen. Auf ein Backpapier streichen, mit einem zweiten Backpapier bedecken, vorsichtig einrollen und im Kühlschrank aushärten lassen. Mixtopf spülen.

3 Rühraufsatz einsetzen. Butter und Zucker in den Mixtopf geben und **2 Min. | Stufe 4** schaumig rühren, dabei nach und nach die Eier durch die Deckelöffnung zugeben.

4 Rühraufsatz entnehmen. Milch, Mehl, Backpulver sowie Kakao zugeben und weitere **20 Sek. | Stufe 4** vermengen. Teig in die Springform geben und ca. 45 Min. backen. Herausnehmen und abkühlen lassen. Mixtopf und Rühraufsatz spülen.

5 Für die Creme den Rühraufsatz einsetzen. Sahne mit Sahnesteif in den Mixtopf geben und ohne Zeiteinstellung **Stufe 4** unter Sichtkontakt steif schlagen. Rühraufsatz entnehmen, Sahne umfüllen.

6 Weiße Schokolade im Mixtopf **10 Sek. | Stufe 8** zerkleinern, **3 Min. | Stufe 2 | 50 °C** schmelzen. Etwas abkühlen lassen. Mascarpone, Puderzucker und Vanillemark in den Mixtopf geben, **30 Sek. | Stufe 3** vermengen. Sahne mithilfe des Spatel unterheben.

7 Den Boden aus der Form lösen und waagerecht zweimal teilen. Den untersten Boden auf eine Tortenplatte setzen. 1/3 Creme darauf verteilen. Den nächsten Boden daraufsetzen und ebenfalls mit 1/3 der Creme bestreichen. Den letzten Boden aufsetzen und die Torte rundherum mit der restlichen Creme bestreichen. Etwa 2 Std. kalt stellen. Mixtopf spülen.

8 Restliche Kuvertüre im Mixtopf **10 Sek. | Stufe 8** zerkleinern, mit dem Spatel nach unten schieben und **3 Min. | Stufe 2 | 50 °C** schmelzen. Gerollte Kuvertüre in Stücke teilen und mit geschmolzener Kuvertüre an den Tortenrand drücken. Torte mit Baiser garnieren, mit Puderzucker bestreut servieren.

>**BAISER-PILZE** 2 Eiweiß in den Mixtopf geben und ohne Zeiteinstellung **Stufe 4** unter Sichtkontakt steif schlagen, dabei 100 g Zucker und 1 Prise Weinsteinbackpulver durch die Deckelöffnung rieseln lassen. In einen Spritzbeutel füllen, auf Backpapier Stiele und Köpfe spritzen. Im Ofen bei 110 °C Umluft ca. 90 Min. trocknen. Herausnehmen und abkühlen lassen. Pilzstiele gerade schneiden und mit etwas Kuvertüre an die Pilzköpfe kleben.

Feine Borke

Gebt die geschmolzene Schokolade auf einen Bogen Backpapier, verstreicht sie dünn und rollt das Backpapier vorsichtig ein. Sobald die Kuvertüre getrocknet ist, lässt sie sich in feine „Borke" brechen und als Dekor verwenden.

Fotos: www.stockfood.com/ Stile Italia Edizioni (4)

3. Advent

Schokoladenkuchen mit Nuss-Karamell

01 40
std : min

LOW CARB · LOW FAT

PRO STÜCK: 607 KCAL | 10 G E | 40 G F | 55 G KH

ZZGL. 30 MIN. RUHEZEIT

ZUTATEN FÜR 12 STÜCKE

FÜR DEN TEIG
- **8 Eier, getrennt**
- **1 Prise Salz**
- **150 g Zartbitterkuvertüre, in Stücken**
- **200 g weiche Butter, in Stücken**
- **330 g Zucker**
- **100 g Weizenmehl Type 405**

FÜR DEN BELAG
- **100 g Nüsse (z. B. Haselnüsse, Walnüsse)**
- **100 g Zucker**
- **50 g Butter**
- **400 g Sahne**
- **1 Pck. Sahnesteif**
- **1 EL selbst gemachter Vanillezucker**
- **Lebkuchen nach Belieben für die Deko**

AUSSERDEM
- **Springform (Ø 24cm)**

1 | Den Backofen auf 180 °C Ober/Unterhitze vorheizen. Die Springform mit Backpapier auslegen. Den Rühraufsatz einsetzen. Die Eiweiße mit 1 Prise Salz ohne Zeiteinstellung **Stufe 4** unter Sichtkontakt steif schlagen. Den Eischnee umfüllen und den Rühraufsatz entnehmen.

2 | Kuvertüre in den geben, **10 Sek.** | **Stufe 8** zerkleinern und mit dem nach unten schieben. Die Kuvertüre **3 Min.** | **Stufe 2** | **50 °C** schmelzen. Butter sowie Zucker zufügen und **2 Min.** | **Stufe 3** cremig aufschlagen. Währenddessen nach und nach Eigelbe durch die Deckelöffnung geben. Mehl zugeben und **10 Sek.** | **Stufe 4** vermengen. Zum Schluss den Eischnee mit dem unterheben.

3 | Den Teig in die Form geben und im Ofen 55–60 Min. backen. Etwas abkühlen lassen, aus der Form lösen und auf einem Kuchengitter auskühlen lassen. und Rühraufsatz spülen.

4 | Für den Belag Nüsse in den geben, **5 Sek.** | **Stufe 8** zerkleinern. Zucker in einer Pfanne erhitzen und leicht bräunen. Butter hinzugeben und verrühren. Nüsse zufügen und unter Rühren karamellisieren lassen. Mit 100 g Sahne ablöschen und kurz aufkochen. Etwas abkühlen lassen.

5 | Den Rühraufsatz einsetzen. Restliche Sahne mit Sahnesteif und Vanillezucker in den geben und ohne Zeiteinstellung **Stufe 4** unter Sichtkontakt steif schlagen.

6 | Tortenboden umgedreht auf eine Tortenplatte setzen. Ggf. die Unterseite etwas begradigen. Karamell darübergießen und 30 Min. auskühlen lassen. Sahne darauf verstreichen und die Torte bis zum Servieren kalt stellen. Mit Lebkuchen garniert servieren.

> **TIPP** Statt Karamell selbst herzustellen, könnt ihr gehackte Nüsse mit fertiger Karamellsoße aus dem Supermarkt verrühren und über die Torte geben.

Deko Idee

Wir haben diese Torte mit einer Winterlandschaft aus Lebkuchen verziert. Ihr könnt aber auch selbst kreativ werden und beispielsweise einen Schokoladenweihnachtsbaum oder ein Deko-Rentier auf die Sahnehaube setzen.

Fotos: www.stockfood.com/ Stile Italia Edizioni (1)/ Are Media (1)

4. Advent

Baumstammkuchen

01 | 00 std : min

LOW CARB · LOW FAT

PRO STÜCK: 243 KCAL | 6 G E | 9 G F | 35 G KH

ZZGL. 2 STD. RUHEZEIT

ZUTATEN FÜR 12 STÜCKE

FÜR DEN TEIG
- **5 Eier, getrennt**
- **1 Prise Salz**
- **100 g Zucker zzgl. etwas zum Bestreuen**
- **50 g Weizenmehl Type 405**
- **50 g Stärke**

FÜR DAS BAISER
- **5 Eiweiß**
- **125 g Puderzucker**
- **2 Prisen Backpulver**

FÜR DIE FÜLLUNG
- **250 g Sahne**
- **1 Pck. Sahnesteif**
- **25 g Puderzucker**
- **250 g Apfelmus**

AUSSERDEM
- **Flambiergerät**

1 | Den Backofen auf 200 °C Ober-/Unterhitze vorheizen. Ein Backblech mit Backpapier belegen. Den Rühraufsatz in den fettfreien einsetzen. Für den Teig Eiweiße mit Salz in den geben und **3 Min. | Stufe 4** steif schlagen. Rühraufsatz entnehmen und den Eischnee umfüllen.

2 | Eigelbe und Zucker in den geben und **1 Min. | Stufe 4** aufschlagen. Mehl mit Stärke zufügen und **30 Sek. | Stufe 4** verrühren. Den Eischnee mithilfe des unterheben.

3 | Den Teig auf das Blech streichen und ca. 10 Min. backen. Ein Küchentuch mit Zucker bestreuen, den Teig sofort nach dem Backen daraufstürzen und das Backpapier entfernen. Den Teig mithilfe des Küchentuchs einrollen und auskühlen lassen. sowie Rühraufsatz spülen.

4 | Den Rühraufsatz einsetzen. Für das Baiser die Eiweiße mit Puderzucker **3 Min. | Stufe 4** steif schlagen. Backpulver zugeben und **10 Sek. | Stufe 4** unterheben. Rühraufsatz entnehmen und den Eischnee umfüllen.

5 | Den Rühraufsatz wieder einsetzen. Für die Füllung die Sahne mit Sahnesteif sowie Puderzucker in den geben und ohne Zeiteinstellung **Stufe 4** unter Sichtkontakt steif schlagen.

6 | Den Teig entrollen und erst mit Apfelmus, dann mit Sahne bestreichen. Dabei auf den langen Seiten einen ca. 5 cm breiten Rand frei lassen. Von der langen Seite her aufrollen. Ein Stück der Rolle schräg abschneiden und mit der Schnittfläche nach außen als Ast seitlich an die Rolle setzen. Den Eischnee auf dem Kuchen verstreichen. Für die Baumstammoptik mit einer Gabel Wellenlinien durch das Baiser ziehen.

7 | Die Eischnee-Oberfläche mit einem Flambiergerät bräunen. Die Baumstammrolle vor dem Servieren ca. 2 Std. kalt stellen.

>**TIPP** Wenn ihr nicht flammbieren möchtet, könnt ihr statt Baiser auch mehr Sahne zum Verzieren verwenden. Nehmt dann im 5. Schritt die doppelte Menge Sahne und gebt beim Aufschlagen 2 Pck. Sahnesteif hinzu.

Letzter Schliff

Habt ihr kein Flambiergerät, könnt ihr die Oberfläche des Baisers oder der Sahne auch hauchfein mit Kakaopulver oder pulverisiertem Zimtzucker bestäuben, um die Konturen optisch stärker herauszuarbeiten.

DAS JAHRES-KOMBI ABO INKL. E-PAPER

8 AUSGABEN + E-PAPER UND PRÄMIE NACH WAHL

WUNDERPEELER® V2

Der Kartoffelschäler ermöglicht es, Gemüse bequem mit der Power des Monsieur zu schälen. Das spart Zeit und Mühe. In unter 5 Minuten ist so 1 Kilo fertig zum Kochen.

Ohne Zuzahlung, ~~24,90~~ Euro
Prämien-ID: F1520

DAS FAMILIENKOCHBUCH

Mit dem Monsieur Cuisine, köstlichen Rezepten und tollen Tricks kocht ihr eure Familienlieblinge ab sofort ganz einfach selbst – ohne Fertigtüte, dafür mit umso mehr Geschmack.

Ohne Zuzahlung, ~~14,90~~ Euro
Prämien-ID: F1514

WUNDERGRIP

Mit dem praktischen Einhandgriff lässt sich der Mixtopf mit nur einer Hand aus dem Gerät heben und das Umfüllen von Teigen, Marmeladen, Shakes & Co. fällt extraleicht.

Zuzahlung nur 9 Euro, ~~29,95~~ Euro
Prämien-ID: F1502

JETZT BESTELLEN UNTER:
www.zaubermix.de/kombiabo

Bestellnummer: MC22ONEE

Fotos: Archiv

* Diese Angaben gelten nur innerhalb Deutschlands. Alle Prämien erhältlich, nur so lange der Vorrat reicht. Originalprodukt kann von Abbildung abweichen.

So gelingt ein *Bunter Teller* mit dem Monsieur Cuisine

Für das Titelbild haben wir eine bunte Auswahl aller Kuchen und Plätzchen aus dieser Sonderausgabe zusammengestellt. Wie wir mit wenigen Handgriffen dabei noch weitere Kreationen aus Mürbeteig, Lebkuchenteig und den Traumstücken zaubern, verraten wir euch natürlich auch!

Fotos & Styling: Anna Gieseler

Perfekte Basis

Einfacher Mürbeteig

00 45 std : min

PRO STÜCK: 58 KCAL | 1 G E | 3 G F | 6 G KH

ZZGL. 30 MIN. RUHEZEIT

ZUTATEN FÜR 50 STÜCK

- **300 g Weizenmehl Type 405**
- **200 g Butter, in Stücken**
- **80 g Zucker**
- **10 g selbst gemachter Vanillezucker**
- **1 Prise Salz**

AUSSERDEM
- **Ausstechförmchen**

1 | Alle Zutaten in den geben und **20 Sek. | Stufe 4** vermengen. Auf der Arbeitsfläche mit den Händen kurz kräftig durchkneten, den Teig zu einem Riegel formen und in Folie gewickelt ca. 30 Min. kalt stellen.

2 | Den Backofen auf 180 °C Ober-/Unterhitze vorheizen. Den Teig ausrollen. Plätzchen nach Belieben austechen und nacheinander im heißen Ofen ca. 12 Min. goldgelb backen.

Spitzbuben mit Konfitüre

Stecht aus dem Teig gleich große Kreise mit Wellenrand aus. Aus der Hälfte der Plätzchen mit einem sehr kleinen runden Ausstechförmchen Fenster ausstechen. Die Plätzchen nach Rezept backen und abkühlen lassen. 200 g Johannisbeergelee glatt rühren und mithilfe eines Spritzbeutels oder Teelöffels auf den Plätzchen ohne Loch verteilen. Die übrigen Plätzchen mit Puderzucker bestreuen, daraufsetzen und leicht andrücken.

Motivplätzchen

Hier haben wir für einen schokoladigen Mürbeteig eine Hälfte des Teiges mit 2 EL Kakao verknetet. Zum Verschönern der Plätzchen haben wir ganz konventionelle Deko-Zutaten wie Zuckerschrift, Zuckerperlen, Zuckerguss und Schokoladenguss verwendet. Das schöne Einhorn ist mit glitzernden Zuckerperlen verziert, das kleine Rentier haben wir mit einer roten Rudolf-Nase versehen, die wir mit Zuckerschrift fixiert haben. Die Tanne ist mit Zuckerguss bestrichen, den wir mit Lebensmittelfarbe kräftig grün gefärbt haben.

Schoko-Monde mit Glasur

Stellt für die Schoko-Monde einen dunklen Mürbeteig her. Gebt dafür 30–40 g Kakaopulver zu den Zutaten. Aus dem Teig formt ihr kleine Hörnchen. Diese backt ihr und taucht sie nach dem Abkühlen mit einem Ende in Zartbitter-Schokoladenglasur. Zum Schmelzen der Kuvertüre 100 g **3 Min. | Stufe 2 | 50 °C** erwärmen. Wir haben die Enden noch mit gehackten Pistazienkernen bestreut.

Klassiker
Kipferlteig

Weihnachts-Gewürzkipferl

Auf diesem bunten Teller liegen auch die Kipferl von Seite 30, die wir allerdings zur Abwechslung in reichlich Weihnachts-Gewürz-Puderzucker gewendet haben. Das Rezept für den Zucker findet ihr auf Seite 123.

Allrounder
Teig für Traumstücke

Pinke Traumstücke

Wir haben hier den Teig für Traumstücke von Seite 113 ohne Zimt zubereitet und halbiert. In die eine Hälfte haben wir 25 g pulverisierte gefriergetrocknete Himbeeren geknetet, um den Teig pink zu färben.

Stracciatella-Traumstücke

Unter die zweite Hälfte des Teigs haben wir etwa 3 EL Schokoraspel geknetet. Dabei rasch arbeiten, damit die feine Schokolade durch die Wärme der Hände nicht schmilzt. Aus beiden Teigen Stränge rollen, diese in Stücke schneiden und backen.

Foto: Sandra Leibinger (1)

Saftiger
Lebkuchenteig

Schokoliertes Lebkuchenkonfekt

Den Lebkuchen von Seite 42 haben wir nach dem Backen gedrittelt und zwei Drittel davon in kleine Würfel geschnitten. Ein Drittel haben wir mit einem dicken Schokoladenguss aus Vollmilchkuvertüre überzogen und jeweils eine Walnusshälfte daraufgesetzt. Für den Guss 150 g Kuvertüre in Stücken **5 Min. | Stufe 2 | 50°C** erwärmen. Die übrigen Würfel haben wir mit blanchierten Mandeln und je 1 Belegkirsche verziert. Fixiert sind diese mit etwas Schokoladenglasur.

So einfach: Mandelstollen

Der klassische Sächsische Mandelstollen schmeckt garantiert allen am Kaffeetisch, denn wir backen ihn dieses Jahr fein und lecker mit pflanzlichen Zutaten

Foto: Diamant Zucker

Sächsischer Mandelstollen

LOW CARB LOW FAT

01 | 20
std : min

PRO STÜCK: 406 KCAL | 6 G E | 20 G F | 52 G KH

ZZGL. 1 STD. 15 MIN. RUHEZEIT

ZUTATEN FÜR 1 STOLLEN

FÜR DEN TEIG
- **50 g frische Hefe**
- **220 g Rübenzucker von Diamant**
- **250 g Mandeldrink**
- **250 g weiche vegane Butter, in Stücken**
- **500 g Weizenmehl Type 405**
- **½ TL Salz**
- **125 g Zitronat**
- **125 g Orangeat**
- **20 g Rum**
- **200 g gehackte Mandeln**

ZUM VERZIEREN
- **100 g vegane Butter, in Stücken**
- **200 g Puderzucker (z.B. Zierschnee von Diamant)**

1 | Die Hefe mit 10 g Rübenzucker sowie Mandeldrink in den [Mixtopf] geben und **3 Min. | Stufe 2 | 37 °C** erwärmen. An einem warmen Ort 15 Min. ruhen lassen.

2 | Butter, Mehl, Rübenzucker sowie Salz zufügen und **30 Sek. | Stufe 4** vermengen.

3 | Zitronat und Orangeat mit Rum vermischen. Zusammen mit den Mandeln zum Teig geben und **2 Min. |** [Teigknetstufe] unterkneten. Den Teig abgedeckt an einem warmen Ort 1 Std. gehen lassen.

4 | Den Backofen auf 180 °C Ober-/Unterhitze vorheizen. Ein Backblech mit Backpapier belegen. Den gegangenen Teig zu einem Stollen formen und auf das Blech legen. Im heißen Backofen 50–60 Min. backen. Den [Mixtopf] spülen.

5 | Die Butter in den [Mixtopf] geben und **3 Min. | Stufe 2 | 60 °C** zerlassen. Den noch heißen Stollen damit bestreichen. Nach dem Erkalten mit Puderzucker bestäuben, in Scheiben schneiden und servieren.

Was ist eigentlich Rübenzucker?

Wusstet ihr, dass der Kristallzucker von Diamant hier bei uns in Deutschland und zu 100 Prozent aus heimischen Zuckerrüben hergestellt wird? Und ganz neu: Der Zucker-Experte stellt zukünftig sogar die Verpackung mit einem 20-prozentigen Zuckerrübenfaser-Anteil her. So wird die gute Rübe vollständig verwertet. Den Rübenzucker erhaltet ihr jetzt überall im Handel. www.diamant-zucker.de

Jetzt überall im Handel erhältlich!
Große Vorfreude auf Weihnachten!
SPEZIAL
LandGenuss
LandGenuss
Festlich backen und kochen für liebe Gäste
Weihnachten
6,99 EURO
Spezialau abe 2|2023
Die besten Weihnachtsrezepte auf 132 Seiten
TRADITIONSGEBÄCK Stollen, Lebkuchen und Spekulatius – so gut!
120 Rezepte für Ihr schönstes Fest
PLÄTZCHEN Von einfach bis besonders GETRÄNKE Heiß oder partytauglich
SILVESTER Süße & herzhafte Speisen GESCHENKE Likör, Gewürzzucker etc.
Jetzt bestellen: www.landgenuss-magazin.de/weihnachten

Desserts für Weihnachten

Als krönender Abschluss eines feinen Menüs oder als Genussmoment am Nachmittag – die Kreationen im Glas begeistern alle

Rezepte: Lukas Lotzing
Styling & Fotos: Anna Gieseler

„Rocher"-Dessert
Rezept siehe Seite 152

So festlich!

Vanillekipferl-Dessert
Rezept siehe Seite 152

NUR 5 ZUTATEN
Ein fruchtig-frisches Dessert kann so einfach sein! Hier kombinieren wir Mandarinen mit Sahne und Quark, fein abgeschmeckt mit etwas Vanillezucker – schon ist die beeindruckende Schichtspeise fertig.

FIX

Mandarinenquark mit Sahne
Rezept siehe Seite 154

„Giotto"-Creme
Rezept siehe Seite 154

EASY

NUSSLIEBE

Hier spielen die kleinen Nuss-Kügelchen die absolute Hauptrolle: Sie werden nicht nur zerkleinert in der Creme verarbeitet, sondern sorgen auch als Deko für den letzten Schliff vor dem Servieren.

Kleine Leckerei

Himbeer-Spekulatius-Dessert
Rezept siehe Seite 154

Momente zum Schlemmen

Spekulatius-Mousse
Rezept siehe Seite 155

ALLE JAHRE WIEDER

Dieses ist eines unserer Lieblingsdesserts zum Fest – denn das Apfelkompott kann man in großer Menge vorkochen und es schmeckt himmlisch! Ihr könnt das Tiramisu auch in einer Auflaufform servieren.

EASY

Bratapfel-Tiramisu

Rezept siehe Seite 155

Foto: Désirée Peikert (1)

„Rocher"-Dessert

00 25 std : min

PRO GLAS: 523 KCAL | 7 G E | 38 G F | 39 G KH

ZZGL. 2 STD. RUHEZEIT

ZUTATEN FÜR 6 GLÄSER À 200 ML

FÜR DIE CREME
- **16 „Rocher"**
- **400 g Sahne**
- **2 Pck. Sahnesteif**
- **1 EL selbst gemachter Vanillezucker**
- **20 g Haselnusskrokant**

FÜR DEN PUDDING
- **400 g Milch**
- **25 g Stärke**
- **100 g Nuss-Nougat-Creme**

1 | Für die Creme 10 „Rocher" in den geben und **5 Sek. | Stufe 7** zerkleinern. Umfüllen und kalt stellen.

2 | Für den Pudding Milch, Stärke sowie Nuss-Nougat-Creme in den geben und mit Messbecher **8 Min. | Stufe 3 | 100 °C** erhitzen. Umfüllen, die Oberfläche mit Frischhaltefolie abdecken und abkühlen lassen. Anschließend 2 Std. kühl stellen. kalt spülen.

3 | Rühraufsatz einsetzen. Sahne, Sahnesteif und Vanillezucker in den geben und ohne Zeiteinstellung **Stufe 4** unter Sichtkontakt steif schlagen. Ca. 1/3 der Sahne unter den Pudding heben. Sahne, Pudding und zerkleinerte „Rocher" abwechselnd in die Gläser schichten. Mit einer Sahneschicht abschließen.

4 | Mit „Rocher"-Kugeln und Haselnusskrokant garniert servieren.

Vanillekipferl-Dessert

00 20 std : min

PRO GLAS: 875 KCAL | 10 G E | 76 G F | 41 G KH

ZUTATEN FÜR 4 GLÄSER À 200 ML

- **200 g Vanillekipferl zzgl. etwas mehr zum Garnieren**
- **50 g weiße Schokolade, in Stücken**
- **200 g Sahne**
- **1 Pck. Sahnesteif**
- **1 EL selbst gemachter Vanillezucker**
- **400 g Mascarpone**
- **Mark von 1 Vanilleschote**
- **1 TL Abrieb von einer unbehandelten Zitrone**

1 | Vanillekipferl im **3 Sek. | Stufe 6** zerkleinern und umfüllen.

2 | Weiße Schokolade in den geben, **4 Sek. | Stufe 8** zerkleinern und mit dem nach unten schieben. Dann **2 Min. | Stufe 2 | 50 °C** schmelzen. Auf 37 °C abkühlen lassen und umfüllen. Den säubern und trocknen.

3 | Rühraufsatz einsetzen und Sahne, Sahnesteif und Vanillezucker in den geben. Ohne Zeiteinstellung **Stufe 4** unter Sichtkontakt aufschlagen. 3 EL Sahne abnehmen und mit der Schokolade verrühren. **30 Sek. | Stufe 3** einstellen und den Schokoladen-Sahne-Mix langsam durch die Deckelöffnung geben. Mascarpone, Vanillemark sowie Zitronenabrieb zugeben und **30 Sek. | Stufe 3** glatt rühren.

4 | Die Creme mit zerkleinerten Vanillekipferln abwechselnd in die Gläser schichten, dabei mit einer Cremeschicht abschließen. Mit Kipferln garnieren und bis zum Servieren kalt stellen.

Karamelldessert

00 10 std : min

PRO GLAS: 550 KCAL | 14 G E | 35 G F | 45 G KH

ZUTATEN FÜR 4 GLÄSER À 200 ML

- **150 g Karamellkekse (z. B. „Lotus Biscoff") zzgl. etwas mehr zum Garnieren**
- **200 g Sahne**
- **1 EL selbst gemachter Vanillezucker**
- **200 g Frischkäse**
- **150 g Quark**
- **100 g Karamellsoße zzgl. etwas mehr zum Garnieren**

1 | Kekse in den geben, **6 Sek. | Stufe 8** zerkleinern und umfüllen.

2 | Den Rühraufsatz einsetzen. Die Sahne mit Vanillezucker in den geben und ohne Zeiteinstellung **Stufe 4** unter Sichtkontakt steif schlagen. Frischkäse und Quark zugeben und **30 Sek. | Stufe 3** vermengen.

3 | Kekse, Creme und Karamellsoße abwechselnd in Gläser schichten, mit einer Cremeschicht abschließen. Bis zum Servieren kalt stellen. Mit Karamellsoße und Keksen garnieren.

Steffi Redakteurin

MIX-MAGIE

Kekse sind im Monsieur in Sekunden zerkleinert und Cremes im Nu luftig aufgeschlagen. Da die Zubereitung aller Desserts so herrlich geschwind gelingt, gibt es keinen guten Grund mehr, sie nicht alle einmal auszuprobieren.

Foto: Archiv (1)

Mandarinenquark mit Sahne

00 10 std : min

PRO GLAS: 378 KCAL | 17 G E | 22 G F | 27 G KH

ZUTATEN FÜR 4 GLÄSER À 200 ML

- ⋆ **175 g Mandarin-Orangen (Dose) mit 2 EL Saft**
- ⋆ **200 g Sahne**
- ⋆ **500 g Quark**
- ⋆ **50 g Zucker**
- ⋆ **Mark von 1 Vanilleschote**

1 | Etwa 2/3 der Mandarinen in den ⊔ geben, **3 Sek.** | **Stufe 6** zerkleinern und umfüllen.

2 | Rühraufsatz einsetzen. Sahne einwiegen und ohne Zeiteinstellung **Stufe 4** unter Sichtkontakt steif schlagen. Quark, Zucker, Vanillemark sowie Mandarinensaft zugeben und **30 Sek.** | **Stufe 3** unterheben.

3 | Quarkcreme und Mandarinenpüree abwechselnd in Gläser schichten, dabei mit einer Cremeschicht abschließen. Mit den restlichen ganzen Mandarinen garnieren und bis zum Servieren kalt stellen.

„Giotto"-Creme

00 10 std : min

PRO GLAS: 870 KCAL | 10 G E | 77 G F | 37 G KH

ZUTATEN FÜR 4 GLÄSER À 200 ML

- ⋆ **155 g „Giotto"**
- ⋆ **400 g Sahne**
- ⋆ **1 EL selbst gemachter Vanillezucker**
- ⋆ **250 g Mascarpone**
- ⋆ **50 g Zucker**
- ⋆ **2 EL Kakaopulver**

1 | Die Hälfte der „Giotto" in den ⊔ geben, **4 Sek.** | **Stufe 6** zerkleinern und umfüllen.

2 | Den Rühraufsatz einsetzen. Sahne und Vanillezucker in den ⊔ geben und ohne Zeiteinstellung **Stufe 4** unter Sichtkontakt steif schlagen. Mascarpone, Zucker, Kakao sowie die Hälfte der zerkleinerten „Giotto" hinzugeben und **30 Sek.** | **Stufe 3** unterheben.

3 | Die Hälfte der Creme auf die Gläser verteilen. Die zerkleinerten „Giotto" daraufgeben und mit der übrigen Creme bedecken. Mit den restlichen „Giotto" garnieren und bis zum Servieren kalt stellen.

> **TIPP** Wenn ihr Zeit habt, gebt die „Giotto"-Kugeln vor dem Verarbeiten für 15 Min. in den Tiefkühler – dann lassen sie sich viel besser zerkleinern.

Himbeer-Spekulatius-Dessert

00 10 std : min

PRO GLAS: 803 KCAL | 17 G E | 57 G F | 57 G KH

ZUTATEN FÜR 4 GLÄSER À 200 ML

- ⋆ **200 g Spekulatius, in Stücken, zzgl. etwas mehr zum Garnieren**
- ⋆ **200 g Sahne**
- ⋆ **1 EL selbst gemachter Vanillezucker**
- ⋆ **250 g Mascarpone**
- ⋆ **250 g Quark**
- ⋆ **50 g Zucker**
- ⋆ **300 g Himbeeren zzgl. einige zum Garnieren**

1 | Spekulatius in den ⊔ geben, **5 Sek.** | **Stufe 8** zerkleinern und umfüllen.

2 | Den Rühraufsatz einsetzen. Die Sahne mit Vanillezucker in den ⊔ geben und ohne Zeiteinstellung **Stufe 4** unter Sichtkontakt steif schlagen. Mascarpone, Quark sowie Zucker zugeben und **30 Sek.** | **Stufe 3** vermengen.

3 | Spekulatius, Himbeeren und Creme abwechselnd in die Gläser schichten. Dabei mit einer Cremeschicht abschließen. Mit Spekulatius und Himbeeren garniert servieren.

> **TIPP** Das Dessert kann auch mit Himbeeren aus dem Tiefkühler zubereitet werden. Diese einfach vorher in einem Sieb auftauen lassen.

HALTBARKEIT

Werden Komponenten wie Sahne, Frischkäse und Früchte verwendet, solltet ihr das geschichtete Dessert innerhalb weniger Tage verzehren. Im Kühlschrank bleibt es etwa 2 Tage frisch. Besser: Die einzelnen Bestandteile separat kühl stellen und erst kurz vor dem Servieren schichten – dann bleiben die Kekse knusprig und Kakaopulver wird nicht feucht.

Unsere Tipps

Spekulatius-Mousse

00 20 std : min

LOW CARB LOW FAT

PRO GLAS: 411 KCAL | 9 G E | 32 G F | 23 G KH

ZZGL. 3 STD. RUHEZEIT

ZUTATEN FÜR 6 GLÄSER Á 150 ML

- ★ **150 g Spekulatius, in Stücken, zzgl. etwas zum Garnieren**
- ★ **400 g Sahne**
- ★ **2 TL Spekulatiusgewürz**
- ★ **4 Eier**
- ★ **1 Prise Salz**
- ★ **2 EL Zucker**

1 | Spekulatius in den Mixtopf geben, **4 Sek. | Stufe 8** zerkleinern und umfüllen.

2 | Den Rühraufsatz einsetzen. Die Sahne mit Spekulatiusgewürz in den Mixtopf geben und ohne Zeiteinstellung **Stufe 4** unter Sichtkontakt steif schlagen. Rühraufsatz entnehmen, Sahne umfüllen. Mixtopf und Rühraufsatz reinigen.

3 | Den Rühraufsatz wieder einsetzen. Eier und Salz in den Mixtopf geben und **7 Min. | Stufe 3 | 70°C** aufschlagen. Dann **2 Min. | Stufe 4** weiterschlagen, dabei den Zucker durch die Deckelöffnung einrieseln lassen. Die Zutaten **1 Min. | Stufe 3** weiterrühren. Den Rühraufsatz entnehmen und die Creme etwas abkühlen lassen.

4 | Die Schlagsahne mit dem Spatel vorsichtig unter die Creme heben. Die Mousse auf Gläser verteilen und mind. 3 Std. kalt stellen. Vor dem Servieren nach Belieben mit zerbröseltem Spekulatius garnieren.

Bratapfel-Tiramisu

00 35 std : min

LOW CARB LOW FAT

PRO GLAS: 625 KCAL | 7 G E | 42 G F | 53 G KH

ZUTATEN FÜR 8 GLÄSER

- ★ **200 g Löffelbiskuits oder Spekulatius**
- ★ **300 g Äpfel, geschält und geviertelt**
- ★ **50 g brauner Zucker**
- ★ **1 TL Zimt**
- ★ **Mark von 1 Vanilleschote**
- ★ **120 g Apfelsaft**
- ★ **1 Pck. Vanillepuddingpulver**
- ★ **200 g Sahne**
- ★ **1 Pck. Sahnesteif**
- ★ **500 g Mascarpone**
- ★ **125 g Zucker**
- ★ **2 Eigelb**
- ★ **40 g Amaretto**
- ★ **etwas Kakaopulver zum Bestäuben**

1 | Löffelbiskuits oder Spekulatius in den Mixtopf geben und **10 Sek. | Stufe 6** zerkleinern. Umfüllen und beiseitestellen.

2 | Für das Bratapfelkompott Äpfel in den Mixtopf geben, **4 Sek. | Stufe 6** zerkleinern. Mit dem Spatel nach unten schieben. Braunen Zucker, Zimt, Vanillemark sowie 50 g Apfelsaft zufügen und **10 Min. | Stufe 2 | 90°C** einkochen.

3 | Vanillepuddingpulver mit übrigem Apfelsaft verrühren, in den Mixtopf geben. Weitere **4 Min. | Stufe 2 | 90°C** erhitzen, umfüllen und abkühlen lassen. Den Mixtopf spülen und den Rühraufsatz einsetzen.

4 | Für die Creme die Sahne mit Sahnesteif ohne Zeiteinstellung **Stufe 4** unter Sichtkontakt steif schlagen. Den Rühraufsatz entfernen und die Sahne umfüllen. Mascarpone mit Zucker, Eigelb sowie Amaretto zugeben und **20 Sek. | Stufe 3** unterrühren. Geschlagene Sahne mithilfe des Spatels unterheben.

5 | Die Löffelbiskuit- oder Spekulatiusbrösel auf die Gläser verteilen. Darauf zuerst das Bratapfelkompott, dann die Creme geben. Mit Kakao bestäuben und bis zum Verzehr kalt stellen.

Gebäck für Böden

Ihr könnt alle Kekse und Kuchen nach Belieben zu Böden oder Krümeln verarbeiten. Zu Weihnachten eignet sich auch Stollen gut! Kekse oder Kuchen in Stücken in den trockenen Mixtopf geben und etwa **10 Sek. | Stufe 8** zerkleinern.

Verwendet Wein- oder Wassergläser sowie kleine Einmachgläser, wenn euch Dessertgläschen fehlen. Im mein ZauberTopf Shop findet ihr unsere **„Magic"-Gläschen** *im 4er-Set für nur 23,90 Euro – auch toll als Geschenk!*

Topping-Tipps

Ihr habt die Wahl! Raspelschokolade, gehackte Nüsse, Pistazien, frische Minzblättchen, Zuckerperlen, Waffelröllchen oder etwas Sirup – all das macht eure Desserts zu einem echten Blickfang.

Backpläne

für volle Keksdosen

Unsere Monsieur Cuisine Expertin Elisa hat es probiert: Wie können an nur einem Backtag Keksdosen bunt befüllt, viele süße Geschenke für die Liebsten oder alle Leckereien für den Heiligabend vorbereitet werden?

Smarte Planung

Wer an einem Tag den Großteil der Weihnachtsbäckerei erledigen möchte, kann auf unterschiedliche Weisen Zeit, Geld und auch Energie sparen. Los geht es bereits mit dem Schreiben des Einkaufszettels und dem Einkauf selbst. Erledigt ihr diesen Teil sorgfältig geplant, spart ihr euch mehrfaches Einkaufen und es bleiben am Schluss weniger Zutatenreste.

Am Backtag selbst macht es Sinn, sich genau zu überlegen, wann welcher Schritt erledigt werden sollte. Werden Teige sinnvoll nacheinander vorbereitet, muss der seltener gespült werden. Ihr könnt ebenfalls Zeit und auch Strom sparen, wenn ihr den Backofen nur einmal vorheizt, um dann alle Bleche nacheinander oder sogar bei Umluft übereinander zu backen, statt einzelne Portionen über den Tag verteilt fertigzustellen. Auch das Füllen und Verzieren sollte zum Zeitsparen gesammelt stattfinden. So braucht man nur einmal Schokoladenglasur zu schmelzen, Guss anzurühren und Kekse mit Puderzucker zu bestäuben.

Kekse & Co. verpacken

Klassische trockene Plätzchen könnt ihr gemischt in Keksdosen oder anderen luftdicht verschließbaren Gefäßen mehrere Wochen lagern. Stellt ihr auch Lebkuchen oder softe Cookies her, bewahrt diese getrennt von knusprigem Gebäck auf. Denn ansonsten geben sie ihre Feuchtigkeit an das trockene Gebäck ab, das dann weich wird. Feuchtes Gebäck lässt sich außerdem nicht so lange lagern wie trockenes.

Fotos: Anna Gieseler

Die Rezepte

Für volle Keksdosen backen wir knusprige Traumstücke, Spekulatius und Mohnplätzchen, dazu gibt es saftige Lebkuchenwürfel und gefüllte Marzipankissen.

✓ **Seite 27:** Marzipankissen
✓ **Seite 42:** Weicher Lebkuchen vom Blech
✓ **Seite 45:** Schnelle Spekulatius
✓ **Seite 100:** Gefüllte Mohnplätzchen
✓ **Seite 113:** Zimt-Traumstücke

BACKPLAN „ADVENT“

Mit diesem Backplan füllt ihr eure Keksdosen mit Gebäcken für die Adventssonntage. Sie bleiben lange knusprig bzw. frisch, sodass ihr viele Tage davon naschen könnt.

Der Backplan

1 | Startet mit den schnellen Spekulatius. Bereitet den Teig zu und stellt diesen für mind. 30 Min. kalt. Der muss nicht gespült werden.

2 | Stellt dann den Teig für die Marzipankissen her und gebt ihn für mind. 1 Std. in den Kühlschrank. Den braucht ihr nicht zu spülen.

3 | Während die beiden Teige kühlen, bereitet den Lebkuchen vom Blech zu. Den Backofen rechtzeitig auf 180 °C Ober-/Unterhitze vorheizen und den Lebkuchen backen.

4 | Während der Lebkuchen backt, spült den und fahrt mit der Herstellung der Spekulatius fort. Rollt den Teig aus, stecht die Kekse aus und legt sie auf Bleche.

5 | Den Lebkuchen aus dem Ofen nehmen und auskühlen lassen. Die Temperatur des Ofens auf 210 °C erhöhen und die Spekulatius backen.

6 | Stellt währenddessen die Füllung der Marzipankissen her und formt die Kissen. Reduziert die Ofen-Temperatur auf 160 °C Umluft. Die Plätzchen backen und auskühlen lassen. Den spülen.

7 | Während die Marzipankissen backen, pulverisiert ihr den Zucker für die Zimt-Traumstücke und stellt ihn beiseite.

8 | Bereitet jetzt den Teig für die Mohnplätzchen zu und spritzt ihn in Tupfen auf ein Backblech. Backt die Plätzchen 10 Min. bei 160 °C Ober-/Unterhitze. Anschließend abkühlen lassen.

9 | Währenddessen geht es mit den Traumstücken weiter. Stellt den Teig aus den übrigen Teig-Zutaten mit dem Puderzucker her, formt die Traumstücke und legt sie auf Bleche. Die Backofentemperatur auf 180 °C Ober-/Unterhitze erhöhen und die Traumstücke backen. Den spülen.

10 | Die Mohnplätzchen mit Gelee bestreichen und zusammensetzen. Anschließend die weiße Kuvertüre schmelzen und die Plätzchen damit garnieren.

11 | Für den Lebkuchen ebenfalls die Kuvertüre schmelzen und diesen damit verzieren. Fest werden lassen.

12 | Zum Schluss nur noch die Traumstücke und Marzipankissen mit Puderzucker bestäuben. Dafür am besten alle auf ein Blech legen und mit einem Sieb den Zucker darüberrieseln lassen. Alle erkalteten Kekse luftdicht in Dosen verstauen.

Fotos: siehe Rezeptseiten

Die Rezepte

An nur einem Tag könnt ihr gleich fünf unterschiedliche Leckereien zubereiten, die länger haltbar sind. So könnt ihr sie im Laufe des Advents verschenken oder auch zum Heiligabend unter den Weihnachtsbaum legen.

✓ **Seite 71:** Spekulatius-Butter
✓ **Seite 108:** Glühweinlikör
✓ **Seite 108:** „Mon Chérie"-Konfitüre
✓ **Seite 118:** Weihnachtliche Bruchschokolade
✓ **Seite 123:** Weihnachtsgewürz-Zucker

BACKPLAN „GESCHENKE"

Mit diesem Plan stellt ihr an einem Tag Likör, Konfitüre, Schokolade und Weihnachtsgewürz her. Alle Leckereien halten lange und eignen sich daher zum Verschenken.

Der Backplan

1 Als erstes bereitet ihr die Bruchschokolade zu, da diese 3 Std. kalt gestellt werden muss. Anschließend den \=/ spülen und trocknen.

2 Dann stellt ihr den Weihnachtsgewürz-Zucker her, er ist in 5 Min. fertig. Den \=/ braucht ihr anschließend nicht zu spülen.

3 Als nächstes bereitet ihr die Spekulatius-Butter zu. Nach dem Befüllen der Gläser den \=/ spülen. Die Butter nach Belieben kalt stellen oder für längere Haltbarkeit einfrieren.

4 Nun ist der Glühweinlikör an der Reihe. Dieser muss nach der Zubereitung ca. 1 Woche ziehen. Ihr füllt ihn also erst 1 Woche später in die Flaschen ab. Der \=/ muss nicht gespült werden.

5 Zum Schluss bereitet ihr die Konfitüre zu, sie kocht 25 Min. Dann muss sie nur noch abgefüllt und der \=/ ein letztes Mal gesäubert werden. In dieser Zeit könnt ihr die Schokolade in Stücke brechen und in kleine Tüten geben.

>TIPP All diese Geschenke sind etwas länger haltbar bzw. der Likör muss ohnehin 1 Woche ziehen. Die Leckereien könnt ihr also alle im Laufe der Vorweihnachtszeit verschenken. Die Spekulatius-Butter hält etwa 1–2 Wochen, Schokolade, Konfitüre, Zucker und Likör aber viele Wochen. Verschenkt daher die Butter als erstes.

>VERPACKEN Gestaltet nun noch hübsche Etiketten für eure kulinarischen Geschenke. Lasst hier eurer Kreativität freien Lauf. Zusätzlich sind Bänder, Schnüre und Anhänger perfekt geeignet, um die Köstlichkeiten ansprechend zu verpacken.

Die Rezepte

Für Heiligabend bereiten wir am 23. Dezember Vanillekipferl und Punschmandeln zum Naschen vor, außerdem eine Spekulatiustorte und Sahnelikör für die Kaffeezeit. Zum Festmenü servieren wir Vanillekipferl-Desserts.

- ✓ **Seite 16:** Gebrannte Punschmandeln
- ✓ **Seite 30:** Vanillekipferl
- ✓ **Seite 41:** No-Bake-Spekulatiustorte ohne Gelatine
- ✓ **Seite 105:** Engelchenlikör
- ✓ **Seite 152:** Vanillekipferl-Dessert

Der Backplan

1 Als erstes bereitet ihr den Boden für die Spekulatiustorte zu. Verteilt die Keksmasse in der Form und stellt die Springform kalt. Der [Mixtopf] muss nicht gespült werden.

2 Weiter geht es mit den Vanillekipferln, denn diese werden auch für das Dessert gebraucht. Bereitet den Teig zu und stellt ihn für mind. 45 Min. kalt. [Mixtopf] spülen.

3 Fahrt nun mit der Spekulatiustorte fort. Legt die Mandarinen auf den Boden und bereitet den Guss zu. Diesen auf den Mandarinen verteilen und mind. 1 Std. abkühlen lassen. Den [Mixtopf] spülen.

4 Als nächstes kocht ihr den Likör. Dieser ist in nur 10 Min. fertig. Füllt ihn in Flaschen ab und stellt ihn kalt. Den [Mixtopf] spülen.

5 Jetzt könnt ihr die Mandeln zubereiten. Heizt dafür den Backofen auf 150 °C Umluft vor. Die Mandeln nach dem Backen abkühlen lassen. Den [Mixtopf] spülen.

6 Die Temperatur des Backofens auf 175 °C Ober-/Unterhitze erhöhen. Fahrt dann mit den Vanillekipferln fort: Formt den Teig zu Kipferln und backt sie nacheinander. Anschließend noch warm im Vanillezucker wenden und abkühlen lassen.

7 Stellt jetzt die Spekulatiustorte fertig. Vermengt die Zutaten für die Creme und gebt sie auf die Torte, die ihr über Nacht kalt stellt. Ihr könnt den Cheesecake am Folgetag kurz vor dem Servieren garnieren oder bereits einige Stunden zuvor. Den [Mixtopf] erneut spülen.

8 Zum Schluss bereitet ihr das Vanillekipferl-Dessert wie im Rezept beschrieben zu – noch ohne Dekor. Die Gläser ebenfalls über Nacht kalt stellen. Die übrigen Vanillekipferl sowie die Mandeln luftdicht und trocken lagern.

9 Vor dem Servieren des Desserts je 1 Kipferl auf die Creme setzen.

BACKPLAN „FESTTAGE“

Mit diesem Plan sind kleine und große Leckereien für den Heiligabend bequem vorbereitet. So könnt ihr am 24. Dezember ausgiebig genießen.

AUCH HIER ERHÄLTLICH:
amazon.de
bücher.de
Thalia
OSIANDER.de
Hugendubel
Das Lesen ist schön!
Mayersche.de
Foto: Adobe Stock / Tatyana Sidyukova (1)
Bücher schenken!
Leichte Ideen
Unsere Klassiker
MEIN KOCHBUCH by ZauberTopf
EINFACH, SCHNELL, LECKER
Lieblingsrezepte für monsieur cuisine
MEIN KOCHBUCH by ZauberMix
So clever!
GÜNSTIG & LECKER
Einfache Jeden-Tag-Ideen für monsieur cuisine
68
EINFACH CLEVER KOCHEN
Lieblingsrezepte für monsieur cuisine
BROT BACKEN
KNUSPRIG, FRISCH & SELBST GEMACHT
Lieblingsrezepte für monsieur cuisine
60
EINFACHE
Lieblingsrezepte für monsieur cuisine
Ganz neu!
Hol' dir mehr Mix-Spaß ins Kochbuchregal:
www.zaubertopf-shop.de

SERVICE

Unsere Symbole und Angaben
für Rezepte und Ernährung

- ANBRATEN
- DAMPFGAREN
- LINKSLAUF
- MIXTOPF
- SPATEL
- TEIGMODUS

- **KCAL** KILOKALORIEN
- **g E** GRAMM EIWEISS
- **g F** GRAMM FETT
- **g KH** GRAMM KOHLENHYDRATE

- VEGETARISCH
- VEGAN
- LAKTOSEFREI
- GLUTENFREI
- KALORIENARM
  Hauptgerichte < 500 kcal, Suppen/Vorspeisen < 350 kcal, süße Rezepte < 150 kcal, jeweils pro Portion
- LOW CARB – KOHLENHYDRATARM
  < 25 % der Kilokalorien entstehen durch Kohlenhydrate
- LOW FAT – FETTARM
  < 20 % der Kilokalorien entstehen durch Fett

- **AiO** Zubereitung in Mixtopf, Kocheinsatz und Dampfgaraufsatz
- **ONE POT** Zubereitung nur im Mixtopf
- **FIX** Zubereitung in max. 30 Minuten
- **EASY** Schnell, unkompliziert, mit einfachen Zutaten
- **GESCHENK IDEE** Länger haltbar, gut zum Verpacken und Verschenken

IMPRESSUM

Verlag
falkemedia GmbH & Co. KG, An der Halle 400 #1, 24143 Kiel
Tel. +49 431 200 766-0, Fax +49 431 20 07 66 50
E-Mail: redaktion@zaubermix.de, www.zaubermix.de

Herausgeber
Kassian Alexander Goukassian (V. i. S. d. P.)

Mitglied der Geschäftsleitung & Ltg. Marketing
Wolfgang Pohl

Chefredakteurin/Teamleitung
Vivien Koitka

Redaktion (redaktion@zaubermix.de)
Dr. Tanja Lindauer, Stefanie Nickel, Svenja Rudolf, Hanna Schliemann, Hannah Hold (Elternzeit); Druckmanagement: Nicole Neumann

Rezeptentwicklung
Lukas Lotzing, Elisa Schilling, Vera Schubert, Charlotte Heyn (Elternzeit)

Art-Direktion
Marleen Osbahr

Layout und Bildbearbeitung
Doro Padilla, Nele Witt, Kathrin Knoll (Bildbearbeitung), Lisza Clausen (Elternzeit)

Lektorat
Julia Voigtländer

Fotografen dieser Ausgabe
Anna Gieseler, Kathrin Knoll, Sandra Leibinger

Abonnementbetreuung
abo@zaubertopf.de
Tel. +49 711 72 52 293
mein ZauberTopf Abo-Service, Postfach 810640, 70523 Stuttgart

Mediaberatung
Tim Schöneberg (tim@nicemountain.de)
Nicemountain.de, Tel. 0151 561 665 61

Silja Aicher (kontakt@aichermediakontor.de)
Aicher Mediakontor, Tel. +49 40 87 07 44 41

Martin Wetzel (Martin.Wetzel@brmedien.de)
Tel. +49 2241 17 74 14, Fax +49 2241 17 74 20

Sascha Eilers (s.eilers@falkemedia.de), Tel. +49 4340 49 93 79, Mobil: +49 151 53 83 44 12, Fax +49 4340 49 93 91

Anzeigenkoordination
Dörte Schröder (d.schroeder@falkemedia.de)
Tel. +49 431 20 07 66 12

Anzeigenpreise
Siehe Mediadaten 2023 unter www.zaubertopf.de

Produktionsmanagement/Druck
Stark Druck GmbH & Co. KG, www.stark-gruppe.de

Vertrieb
DMV Der Medienvertrieb GmbH & Co. KG
Meßberg 1, 20086 Hamburg

Vertriebsleitung
Hans Wies, DMV Der Medienvertrieb GmbH & Co. KG (Hans.Wies@dermedienvertrieb.de)

Bezugsmöglichkeiten
Abo, Zeitschriften- und Buchhandel, Bahnhöfe, Flughäfen

Einzelpreis: 5,50 Euro (reguläres Heft), 9,99 Euro (Spezial)
Jahresabonnement: 48,90 Euro. Europäisches Ausland zzgl. 0,90 Euro je Ausgabe. In den Preisen sind Mehrwertsteuer und Zustellung enthalten. Bezogen auf 6 reguläre und 2 Spezial-Ausgaben zzgl. E-Paper p. a. Der Verlag behält sich die Veränderung der Erscheinungsfrequenz vor.

Manuskripteinsendung
Manuskripte jeder Art werden gern entgegengenommen. Sie müssen frei von Rechten Dritter sein. Mit der Einsendung gibt der Verfasser die Zustimmung zum Abdruck des Manuskripts auf Datenträgern der Firma falkemedia. Ein Einsenden garantiert keine Veröffentlichung. Honorare nach Vereinbarung oder unseren AGB. Für unverlangt eingesandte Manuskripte übernimmt der Verlag keine Haftung.

Veröffentlichungen
Sämtliche Veröffentlichungen in dieser Fachzeitschrift erfolgen ohne Berücksichtigung eines eventuellen Patentschutzes. Warennamen werden ohne Gewährleistung einer freien Verwendung benutzt.

Haftungsausschluss
Für Fehler im Text, in Schaltbildern, Aufbauskizzen usw., die zum Nichtfunktionieren führen, wird keine Haftung übernommen.

Datenschutz
Jürgen Koch (datenschutzanfrage@falkemedia.de), falkemedia GmbH & Co. KG, Abt. Datenschutz, An der Halle 400 #1, 24143 Kiel

Bei falkemedia erscheinen außerdem die Publikationen mein ZauberTopf, So is(s)t Italien, NaturApotheke, Mac Life, BEAT, DigitalPHOTO und BÜCHER.
© falkemedia, 2023 | www.falkemedia.de | ISSN 2510-392X

falkemedia
Wir begeistern Menschen.

monsieur cuisine
www.zaubermix.de